T0130001

#philosophieorientiert

In der Politik, in der Gesellschaft aber auch im Alltäglichen haben wir es immer wieder mit grundsätzlichen Fragen danach zu tun, was man tun soll, was man glauben darf oder wie man sich orientieren sollte. Also etwa: Dürfen wir beim Sterben helfen?, Können wir unseren Gefühlen trauen?, Wie wichtig ist die Wahrheit? oder Wie viele Flüchtlinge sollten wir aufnehmen? Solche Fragen lassen sich nicht allein mit Verweis auf empirische Daten beantworten. Aber sind die Antworten deshalb bloße Ansichtssache oder eine reine Frage der Weltanschauung? In dieser Reihe zeigen namhafte Philosophinnen und Philosophen, dass sich Antworten auf alle diese Fragen durch gute Argumente begründen und verteidigen lassen. Für jeden verständlich, ohne Vorwissen nachvollziehbar und klar positioniert. Die Autorinnen und Autoren bieten eine nachhaltige Orientierung in grundsätzlichen und aktuellen Fragen, die uns alle angehen.

Weitere Bände in der Reihe
http://www.springer.com/series/16099

Friederike Schmitz

Tiere essen –
dürfen wir das?

 J.B. METZLER

Die Autorin
Friederike Schmitz hat in der theoretischen Philosophie promoviert.
Zu ihrem Schwerpunktthema Tierethik hat sie zwei Bücher und mehrere
Aufsätze veröffentlicht. Seit 2017 arbeitet sie freiberuflich als Autorin
und Referentin und engagiert sich daneben in der Tierrechts- und Klima-
bewegung.

Bibliografische Information der Deutschen Nationalbibliothek
Die Deutsche Nationalbibliothek verzeichnet diese Publikation
in der Deutschen Nationalbibliografie; detaillierte bibliografische Daten
sind im Internet über http://dnb.d-nb.de abrufbar.

ISBN 978-3-476-05655-9
ISBN 978-3-476-05656-6 (eBook)
https://doi.org/10.1007/978-3-476-05656-6

J.B. Metzler ist ein Imprint der eingetragenen Gesellschaft
Springer-Verlag GmbH, DE
und ist ein Teil von Springer Nature
www.metzlerverlag.de
info@metzlerverlag.de

Typografie und Satz: Tobias Wantzen, Bremen

J.B. Metzler, Stuttgart
© Springer-Verlag GmbH Deutschland, ein Teil von Springer Nature, 2020

Inhalt

Sollte ich Ihr Lieblingsargument nicht
berücksichtigt haben, prüfen Sie es sorgfältig:
Am Ende kommt es nicht darauf an,
was ich dagegen einzuwenden habe.
Entscheidend ist, was Sie – wenn Sie ehrlich
sind – dafür vorbringen können.

— Stephen Clark 1984, 198 (Übers. F. S.)

Einleitung

Im Jahr 2019 wurden in deutschen Schlachthöfen laut Statistischem Bundesamt fast zehnmal so viele Tiere getötet, wie Menschen in Deutschland leben: 763 Millionen. An einem einzigen Tag sind das über zwei Millionen Tiere, d. h. doppelt so viele, wie eine Großstadt wie Köln Einwohner*innen hat. Die allermeisten dieser Tiere haben nie Tageslicht gesehen oder Erde unter den Füßen gehabt. Wenn im Fernsehen Videos gezeigt werden, die heimlich in Mastanlagen oder Schlachthöfen aufgenommen wurden, wenden die meisten von uns sich mit Grausen davon ab: Wir sehen dreckige, enge Ställe, in denen Schweine sich gegenseitig anfressen oder Hühner zwischen Tausenden von Artgenossen auf dem Boden liegen, weil sie das Gewicht ihrer eigenen Brust kaum tragen können.

Es ist leicht, die »Auswüchse der Massentierhaltung« und deutlich sichtbares Tierleid zu kritisieren. Hinzu kommt, dass die heutige Tierindustrie für verschiedene Umweltprobleme verantwortlich ist und maßgeblich zum menschengemachten Klimawandel beiträgt, der zur größten Katastrophe der Menschheitsgeschichte zu werden droht. Der durchschnittlich sehr hohe Konsum von Tierprodukten steht außerdem im Zusammenhang mit verschiedenen Zivilisationskrankheiten. Es stellt aus all diesen Gründen heute kaum jemand ernsthaft in Frage, dass wir die aktuelle Landwirtschaft und Ernährung verändern sollten. Aber was bedeutet das konkret? Handelt es sich nur um einzelne »Auswüchse« oder verursacht die Tierhaltung generell schweres Leid für die betroffenen Tiere? Wie viel oder welches

Fleisch ist für Sie persönlich noch vertretbar? Und was muss auf gesamtgesellschaftlicher Ebene passieren?

In der Diskussion um das Fleischessen geht es dabei nicht nur um die Menge und die Art der Erzeugung. Es stellen sich zwangsläufig auch grundlegende Rechtfertigungsfragen: Warum sollte es überhaupt legitim sein, fühlende Lebewesen zu töten, um sie zu verzehren? Zwei beliebte Antworten auf diese Frage können von vorneherein zurückgewiesen werden.

Erstens wird bisweilen behauptet, dass Fleisch oder andere Tierprodukte unverzichtbarer Bestandteil einer gesunden Ernährung seien. Wenn das so wäre, hätten wir es mit einer ganz anderen ethischen Fragestellung zu tun. Allerdings liefern die gegenwärtig verfügbaren wissenschaftlichen Erkenntnisse keinen Anlass zu bezweifeln, dass wir uns in allen Lebensphasen auch rein pflanzlich gesund ernähren können, wenn wir auf eine vielfältige Auswahl von Nahrungsmitteln achten und bestimmte Stoffe (insbesondere Vitamin B12) als Ergänzungsmittel zu uns nehmen (Michalsen et al. 2019). Für bestimmte Lebensphasen wie Kleinkindalter, Schwangerschaft und Stillzeit rät zwar die Deutsche Gesellschaft für Ernährung noch von der veganen Ernährung ab. Begründet wird dies allerdings primär damit, dass rein pflanzliche Kost zu Mangelerscheinungen führen könne, *sofern* keine Ergänzungsmittel eingenommen würden (Richter et al. 2016). Eine gut geplante vegane Ernährung, die Ergänzungsmittel bzw. angereicherte Produkte einschließt, wird umgekehrt von den Ernährungsfachgesellschaften der USA, Kanadas, Australiens und Großbritanniens ausdrücklich als geeignet für alle Lebenslagen und möglicherweise gesundheitsförderlich beurteilt (Michalsen et al. 2019). Dem ist hinzuzufügen, dass uns hierzulande mittlerweile eine solche Vielfalt pflanzlicher Nahrungsmittel zur Verfügung steht, dass wir uns auch genussvoll und kostengünstig ohne Tierprodukte ernähren können – wenn wir das denn wollen.

Eine solche Ernährung sei aber unnatürlich, wendet die Verteidigerin des Tierkonsums ein. Der Verweis auf Natürlichkeit ist zugleich die zweite Antwort auf die Rechtfertigungsfrage: Es sei legitim, Tiere zu töten, weil Menschen von Natur aus Allesesser seien. Genau wie der Löwe das Zebra frisst, dürften wir uns Schweine oder Hühner einverleiben. Auch diese Antwort kann aber nicht überzeugen.

Zum einen hat die moderne Tierhaltung herzlich wenig mit der Beutejagd von Raubtieren oder mit der Ernährung von Frühmenschen zu tun. Nicht nur die Haltungssysteme und Tötungsanlagen, sondern die Tiere selbst sind von Menschen mit Hilfe von Wissenschaft und Technik hergestellte Artefakte, die auf ihren Produktionszweck hin »optimiert« wurden. Das Vitamin B12, das die Veganer*innen sich künstlich zuführen müssen, wird auch den Mastschweinen als Zusatzstoff ins Futter gemengt. In diesem Sinne ist weder die vegane noch die tierhaltige Ernährung besonders natürlich.

Zum anderen ist das für die Rechtfertigungsfrage letztlich irrelevant, denn Natürlichkeit ist für sich genommen kein Maßstab für das richtige Handeln. Denken Sie nur daran, wie viele Dinge wir heute als positive Errungenschaften ansehen, die sicher nicht natürlich sind – dazu gehören Intensivstationen, Zentralheizungen oder Arbeitsrechte. Dagegen erscheinen bei einem Blick auf die Menschheitsgeschichte z. B. Gewalt und Krieg als ziemlich natürlich. Das lassen wir aber nicht als Argument dafür gelten, unserem Nachbarn eins überzuziehen oder ein anderes Land zu überfallen. Der Verweis auf Natürlichkeit kann also das Tiere-Essen nicht rechtfertigen.

Vielleicht denken Sie nun aber, es sei doch eigentlich anmaßend, hier überhaupt eine Rechtfertigung einzufordern. Denn bleibt es nicht jedes Menschen eigene Entscheidung, ob er oder sie Fleisch isst oder nicht? Was den eigenen Konsum betrifft, so mag das stimmen. Das heißt aber nicht, dass unsere jeweiligen Entscheidungen nicht rechtfertigungsbedürftig sind. Und genau darum geht es in der Ethik: Wir überlegen, welche Handlungen richtig und welche falsch sind, gerade weil wir eine eigene Entscheidung zu treffen haben. Wenn wir über vergangene oder zukünftige Entscheidungen nachdenken, beurteilen wir diese oft nicht nur im Hinblick auf ihre Klugheit oder Zweckmäßigkeit, sondern auch im Hinblick auf ihre ethische Vertretbarkeit. Wir alle haben ethische Überzeugungen, und wir begründen und rechtfertigen viele unserer Entscheidungen nicht primär vor anderen, sondern zunächst vor uns selbst. Dabei gehen wir aber zugleich davon aus, dass viele Gründe verallgemeinerbar sind: Wenn sie für Sie gelten, sollten sie auch für mich gelten. Nur deshalb hat es überhaupt Sinn, über ethische Fragen zu diskutieren, d. h. Rechtfertigungsgründe und Einwände auszutauschen und zu versuchen, sich gegenseitig zu überzeugen.

Außerdem sind Tierhaltung und Fleischkonsum nicht nur etwas, worüber wir jeweils einzeln im Supermarkt oder in der Kantine entscheiden. Es gibt ein Tierschutzgesetz sowie eine Agrar- und Ernährungspolitik, die die Rahmenbedingungen für die Erzeugung von Nahrungsmitteln festlegen. Wir alle sind nicht nur Konsument*innen, sondern auch Bürger*innen unseres Staates und haben daher die Möglichkeit – und vielleicht die Pflicht – auch politisch und institutionell Einfluss auf diese Rahmenbedingungen zu nehmen. Tierhaltung und Ernährung sind in diesem Sinne auch Gegenstand einer gesellschaftlichen Debatte.

Es ist also nicht nur sinnvoll, sondern auch notwendig, dass wir uns über diese Themen verständigen. Ein Problem mit vielen solcher Diskussionen ist allerdings, dass dabei verschiedene Arten von Fragen nicht klar unterschieden werden. Auf der einen Seite gibt es die bereits erwähnten grundsätzlichen Rechtfertigungsfragen: Ist es überhaupt moralisch legitim, fühlende Lebewesen zu töten, um sie zu essen? Wie viel zählen Tiere im Vergleich zu Menschen? Das sind wichtige ethische Fragen, deren Antworten auch in philosophischen Debatten kontrovers sind. (Ich verwende in diesem Buch die Ausdrücke »Moral« und »Ethik« synonym.)

Auf der anderen Seite gibt es Fragen, die die konkrete Realität der Erzeugung von Tierprodukten betreffen, die aktuell hierzulande stattfindet – man kann daher von praktischen Fragen sprechen. Ist die Art und Weise, wie Tiere heute üblicherweise gezüchtet, gehalten und getötet werden, ethisch vertretbar? Ist es legitim, Fleisch aus konventioneller Rindermast zu kaufen und zu essen? Wie sieht es mit Fleisch aus ökologischer Schweinehaltung aus? Um diese Fragen zu beantworten, muss man sich mit der Realität des Umgangs mit Tieren auseinandersetzen.

Wenn diese Arten von Fragen nicht klar unterschieden werden, dann kann z. B. Folgendes passieren: Jemand erklärt erst, warum es seiner Meinung nach grundsätzlich in Ordnung sei,

Tiere zum Verzehr zu töten, und beißt dann zufrieden in ein Schnitzel, um seine Position auch praktisch zu demonstrieren. Dass dieses Schnitzel von einem Schwein stammt, das in einer konventionellen Mastanlage stark gelitten hat, wird in diesem Moment ausgeblendet. Aber natürlich folgt aus einer generellen Legitimität des Fleischessens gar nichts darüber, welche Umgangsweisen mit Tieren vor ihrem Tod angemessen sind, und damit auch nichts darüber, ob es legitim ist, dieses konkrete Schnitzel zu essen.

Umgekehrt wird oft davon ausgegangen, dass Menschen, die aus ethischen Gründen vegan essen, es generell falsch finden müssten, Tiere zu halten oder zu töten. Es scheint auch zwingend, dass Veganer*innen Tieren moralische Rechte zuschreiben oder Tiere sogar als ethisch gleichwertig mit Menschen betrachten müssten. Das mag für viele Veganer*innen stimmen, ist aber keineswegs ein notwendiger Zusammenhang. Denn es gibt gute Gründe, die aktuelle Tierhaltung abzulehnen, die keine solchen Annahmen voraussetzen.

Die philosophische Tierethik hat möglicherweise mit dazu beigetragen, dass grundsätzliche und praktische Fragen in diesem Sinne nicht klar getrennt werden. Denn viele Philosoph*innen untersuchen in ihren Texten zuerst die grundsätzlichen Fragen – also sie argumentieren z. B. erst dafür, dass Rinder, Schweine und Hühner bestimmte Grundrechte haben. Derlei Thesen sind meist kontrovers. Erst danach leiten die Autor*innen die Antworten auf die praktischen Fragen ab, z. B., dass man – wegen der Grundrechte – diese Tiere nicht essen sollte. Natürlich hat dieses Vorgehen einen guten Sinn. Aber es kann zugleich verdecken, dass es auch vernünftige Antworten auf die praktischen Fragen gibt, die keine in dieser Weise kontroversen Annahmen voraussetzen.

Weil ich genau das vorführen möchte, habe ich für dieses Buch einen abweichenden Aufbau gewählt. Im ersten Kapitel werde ich zentrale grundsätzliche Fragen – ob Tiere Rechte haben oder ob man sie zum Verzehr töten darf – ganz außen vor lassen. Ich werde stattdessen nur von Überzeugungen ausgehen, die ich für weitgehend unkontrovers halte und denen Sie als Leserin oder Leser wohl bereits zustimmen werden. Ich werde dann zeigen, dass fast alle Tierprodukte, die Sie hierzulande kaufen können, auf Weisen erzeugt wurden, die mit diesen Überzeugungen nicht vereinbar sind. Dabei steht das Leid im Vordergrund, das die Tiere in der Nutztierhaltung, der Jagd und der Fischerei erfahren. Daraus ergibt sich, wie ich begründen werde, dass Sie nicht nur weniger Fleisch essen, sondern praktisch vegan leben sollten. Außerdem erkläre ich, warum es darüber hinaus wichtig ist, sich im Rahmen der eigenen Möglichkeiten politisch für eine Änderung des Agrar- und Ernährungssystems einzusetzen.

Erst im zweiten Kapitel untersuche ich die Frage, ob grundsätzlich etwas dagegen spricht, Tiere zu töten, um sie zu essen. Dürfen wir Tiere schlachten oder erschießen, sofern sie ein gutes Leben hatten und leidfrei sterben? In der Realität ist das zwar fast nie gegeben. Die Idee spielt aber in Diskussionen um das Tiere-Essen eine wichtige Rolle und ist auch philosophisch interessant. In der Auseinandersetzung damit gehe ich, anders als im ersten Kapitel, nicht nur von weitgehend unstrittigen Annahmen aus, sondern ich werde auch viele verbreitete Überzeugungen hinterfragen und kritisieren. Ich betrachte verschiedene Strategien, das Töten von Tieren für ihr Fleisch zu rechtfertigen, und weise alle zurück. Demnach ist also nicht nur das Leid der Tiere ethisch ein Problem. Wir sollten auch damit aufhören, fühlende Lebewesen zu töten, um sie aufzuessen. Ich argumentiere dafür, dass wir unser Verhältnis zu Tieren umfassend verändern müssen.

In der philosophischen Ethik und auch in der Tierethik wird nicht nur darüber diskutiert, wie wir handeln sollen. Es gibt auch verschiedene Positionen dazu, wie eigentlich Aussagen über richtiges Handeln allgemein begründet werden können und was zur ethischen Reflexion dazugehört. Ich gehe in diesem Buch davon aus, dass verschiedene moraltheoretische Ansätze jeweils unterschiedliche relevante Aspekte einer Thematik hervorheben können. Deshalb werde ich in beiden Kapiteln mehrere solcher Ansätze berücksichtigen. Damit zeige ich auch, dass meine Schlussfolgerungen nicht davon abhängen, dass man eine bestimmte Moraltheorie für richtig hält. Außerdem möchte ich vorführen, wie interessant und produktiv bestimmte Ansätze sind, die bisher in der tierethischen Debatte noch nicht zu den Standardpositionen gehören.

Am Ende des Buches finden Sie die wichtigsten Ergebnisse beider Kapitel auf einen Blick.

Ein Hinweis zu den Literaturverweisen in Klammern: Diese können sowohl anzeigen, dass in den angegeben Texten die jeweils zuvor vorgestellten Positionen vertreten werden, als auch bedeuten, dass dort andere bzw. weitere Überlegungen zu dem jeweiligen Thema nachzulesen sind.

Neben dem üblichen Literaturverzeichnis finden Sie am Schluss des Buches auch ein Siglen-Verzeichnis, auf das die Abkürzungen in Großbuchstaben verweisen.

1

Tierleid und moralischer Konsens

*Seien wir ehrlich: Im Grunde braucht es keine
komplexen Theorien, keine verschachtelten Argumente,
kein Expertenwissen um festzustellen: Die Tiere,
die uns heute Fleisch, Eier, Milch, Wolle und Leder »liefern«,
führen ein erbärmliches Leben. Wenn Privatpersonen
ihre Hunde oder Katzen so hielten, würden wir
von Tierquälerei sprechen. Und wer Tierquälerei nicht
unterstützen und nicht von ihr profitieren will,
sollte die entsprechenden Produkte nicht konsumieren.
So einfach ist es eigentlich.*

— Hilal Sezgin 2014, 160

1.1 Fragestellung und Überblick

In diesem Kapitel geht es um praktische Fragen: Ist die heute
übliche Erzeugung von Tierprodukten ethisch vertretbar? Sollten wir Fleisch essen oder nicht? Bei der Auseinandersetzung
mit diesen Fragen lege ich eine Überzeugung zugrunde, der
die allermeisten Menschen bereits zustimmen und die ich daher zum moralischen Konsens in der gegenwärtigen Gesellschaft rechne: Es ist falsch, fühlenden Tieren ohne gewichtigen Grund große Leiden und Schäden zuzufügen. Mit »Leiden«
meine ich dabei starke unangenehme Empfindungen, die kör-
perlicher, aber auch psychischer Art sein können. Unter »Schäden« verstehe ich insbesondere die Einschränkung von artgemäßen Verhaltensweisen.

J.B. Metzler © Springer-Verlag GmbH Deutschland, ein Teil von Springer Nature, 2020
F. Schmitz, *Tiere essen – dürfen wir das?*, https://doi.org/10.1007/978-3-476-05656-6_1

Aufgrund dieser Überzeugung verurteilen wir z. B. schmerz-volle Tierversuche für einen neuen Badeschaum. Wir kritisie-ren auch eine Hundebesitzerin, die ihren Hund dauerhaft in einem kleinen Käfig einsperrt. Die Überzeugung kommt eben-falls in der Art zum Ausdruck, wie die meisten Menschen auf Undercover-Videos von engen, verdreckten Ställen mit verletz-ten Tieren reagieren: Tiere so zu behandeln, kann nicht rich-tig sein.

Wenn Sie so sind wie die meisten Menschen, ist diese oder eine sehr ähnliche Überzeugung Teil Ihres Weltbilds – unabhän-gig davon, ob Sie derzeit Fleisch essen oder nicht. In diesem Ka-pitel geht es daher auch nicht darum, unter welchen Umständen es vertretbar ist, Tiere zu töten. Ich konzentriere mich allein auf Leiden und Schäden, die Tieren zu Lebzeiten zugefügt werden.

Als ersten Schritt meiner Argumentation stelle ich im Ab-schnitt 1.2 dar, was die heute übliche Nutztierhaltung und die Fi-scherei für die betroffenen Tiere bedeutet. Zwar ist vielen Men-schen klar, dass die Produktion von Fleisch, Milch und Eiern häufig mit Tierleid verbunden ist. Das ist allerdings in der Ge-sellschaft insgesamt durchaus kontrovers: Lobbyverbände wie der Bauernverband versuchen mit großem Einsatz den Eindruck zu vermitteln, dass es den Rindern, Schweinen, Hühnern, Pu-ten und anderen Tieren in der Landwirtschaft im Großen und Ganzen gut geht, also überhaupt keine nennenswerten Leiden und Schäden entstehen. Aber auch wer an dieser Darstellung zweifelt, kennt selten die Details der Tierhaltung. Außerdem glauben viele Menschen, dass die Probleme nur die niedrigs-ten Preissegmente, das viel zitierte Billigfleisch, oder aber nur »schwarze Schafe« unter den Betrieben betreffen. Dabei erfah-ren Tiere auch in der Biohaltung großes Leid. Ich werde daher im Folgenden ein ungeschöntes Bild davon geben, wie es Tieren in der Fleisch-, Milch- und Eierwirtschaft sowie in der Fische-rei und Aquakultur ergeht. Mein Fazit daraus ist, dass fast alle der heute in Deutschland verfügbaren Tierprodukte auf Weisen erzeugt werden, die Tieren große Leiden und Schäden zufügen.

Wenn wir den moralischen Konsens voraussetzen, dass wir Tieren nicht unnötig Leid und Schaden zufügen sollten, dann können diese Praktiken nur ethisch legitim sein, falls es gewichtige Gründe für sie gibt. Im Abschnitt 1.3 werde ich daher mehrere Kandidaten für solche Gründe untersuchen und jeweils zurückweisen. Das Ergebnis lautet, dass Tierhaltung und Fischerei mindestens weitestgehend abgeschafft werden müssen. Dieses Urteil werde ich im daran anschließenden Abschnitt 1.4 weiter stützen, indem ich darstelle, dass die Nutztierhaltung neben dem verursachten Leid große negative Folgen insbesondere auf Umwelt und Klima hat.

Im Abschnitt 1.5 möchte ich zeigen, wie sich der vorausgesetzte moralische Konsens und die Kritik an der Tierhaltung im Rahmen verschiedener Moraltheorien ausbuchstabieren und philosophisch vertiefen lassen. Zu diesem Zweck beschreibe ich drei verschiedene moraltheoretische Perspektiven und wende sie auf das Thema Tierhaltung an. Aus einer vierten, politischen Perspektive skizziere ich außerdem die gesellschaftliche und politische Dimension der Problematik. Der Abschnitt dient darüber hinaus dem Zweck, diese vier Perspektiven einzuführen und verständlich zu machen, um im weiteren Verlauf und insbesondere im zweiten Kapitel wieder auf sie zurückgreifen zu können.

Der letzte Abschnitt 1.6 behandelt die Konsequenzen für unser Handeln als Einzelpersonen, die sich aus der Argumentation ergeben.

1.2 Die Situation der Tiere

Um zu verstehen, was die übliche Tierhaltung für die am meisten genutzten Tiere bedeutet, brauchen wir zunächst ein Verständnis der Eigenschaften, Fähigkeiten und Bedürfnisse von Schweinen, Rindern, Hühnern, Puten und Fischen. Ich stelle diese anhand von verhaltenswissenschaftlicher Forschung und Beobachtungen von Praktiker*innen dar. Danach schildere ich, wie diese Tiere in der üblichen Tierhaltung leben, und zwar anhand von gesetzlichen Vorschriften, Ergebnissen von Studien, Zusammenfassungen aus wissenschaftlichen Gutachten, offiziellen Einschätzungen, Expert*innenmeinungen und Berichten von Undercover-Recherchen.

Eigenschaften der Tiere und konventionelle Haltung

Schweine. Heutige Schweine stammen von Wildschweinen ab. Die in ihnen angelegten Verhaltensweisen unterscheiden sich kaum von denen ihrer Vorfahren (Hoy 2009, 105). Wie Beobachtungen »unter naturnahen Bedingungen im Freigehege« zeigen, verbringen sie ihren Tag ähnlich wie Wildschweine: Sie bewegen sich viel. Einen Großteil der Zeit verwenden sie zur Futtersuche. Mit ihrem empfindlichen Rüssel wühlen sie im Boden nach Wurzeln, Würmern und Pilzen. Dabei hilft ihnen auch ihr feiner Geruchssinn. Schweine sind soziale Tiere. In den Gruppen bilden sie eine Rangordnung und enge soziale Beziehungen (ebd.).

Schweine mögen es bequem: Sie bauen sich Schlafnester aus Zweigen und Blättern. Um ihr Geschäft zu verrichten, entfernen sie sich von Liege- und Fressplätzen. Da sie nicht schwitzen können, baden sie bei Hitze in Teichen oder suhlen im Matsch. Sauen, die Ferkel erwarten, entfernen sich von der Gruppe und bauen ein Nest, das sie sauber halten und in dem sie für zehn Tage die Ferkel versorgen, bevor sich alle gemeinsam wieder der Gruppe anschließen. Jungtiere spielen gern, sowohl allein als auch mit Gegenständen und mit Artgenossen (ebd.).

Besonders ausgeprägt ist bei Schweinen das Erkundungsverhalten. Sie sind sehr neugierige Tiere, die ihre Umgebung mit allen Sinnen erforschen. Und Schweine sind ziemlich clever: Sie verständigen sich untereinander mit verschiedenen Lauten. In Trainingsversuchen lernten sie zahlreiche Kommandos. Sie können Artgenossen und Menschen täuschen, indem sie z. B. desinteressiert tun, um nicht zu verraten, dass sie eine Futterstelle kennen (Mendl et al. 2010).

In der in Deutschland üblichen Haltung verbringen Schweine ihr gesamtes Leben auf wenigen Quadratmetern im Stall. Man unterscheidet zwischen Schweinezucht- und Schweinemastanlagen. In den Zuchtanlagen werden Sauen gehalten, die zweimal im Jahr künstlich besamt werden. Zur Besamung darf man Sauen bis zu vier Wochen in körpergroße Käfige, die sogenannten Kastenstände, einsperren, wo sie sich praktisch gar nicht bewegen können. Nach der Zeit im Kastenstand kommen die

Sauen in Gruppenbuchten, bevor man sie kurz vor der Geburt erneut in körpergroßen Käfigen, den sogenannten Ferkelschutzkörben fixiert, wo sie ihre Ferkel bekommen (TSNV, §§ 24, 30). Die »Ferkelschutzkörbe« sollen verhindern, dass die Sauen ihre eigenen Ferkel beim Abliegen zerquetschen. Sie sind außerdem nützlich, da sie verhindern, dass die Sau ihre Ferkel verteidigt, wenn an ihnen in den ersten Wochen schmerzhafte Eingriffe vorgenommen werden. Den männlichen Ferkeln schneidet man ohne Betäubung die Hoden heraus, um eine spätere Entwicklung des »Ebergeruchs« zu vermeiden. Den allermeisten Schweinen werden die Ringelschwänze gekürzt, um späteren Verletzungen durch das »Schwanzbeißen« in den Mastanlagen vorzubeugen (WBA1, 104).

Die Mastschweine verbringen ihr ganzes Leben auf engem Raum auf Spaltenboden. Eine Bucht für zehn Schweine muss nur 7,5 Quadratmeter groß sein. Dort können die Tiere nicht wühlen, nicht suhlen, nicht rennen, sich nicht zurückziehen, ihre Neugier so gut wie nicht ausleben und eigentlich gar nichts tun außer zu fressen. Eine Trennung von Kot- und Liegeplatz ist unmöglich, so dass die Tiere über und in ihren eigenen Exkrementen stehen und ruhen (KTBL). Viele Schweine leiden in den wenigen Lebensmonaten an Infektionskrankheiten und Verletzungen, die auf die Mastbedingungen zurückgehen (WBA1, 96). Tiere, die während der Mast in den Anlagen sterben, werden an Verarbeitungsbetriebe geliefert. Eine Studie ergab, dass deutschlandweit täglich bis zu 1200 Schweine dort ankommen, die vor ihrem Tod lange und erheblich gelitten haben (Große Beilage 2017).

Im Alter von etwa sechs Monaten werden die Schweine zum Schlachthof transportiert, wo sie erst betäubt und dann per Kehlschnitt getötet werden. Die Betäubung durch Gas fühlt sich für die Tiere an wie Ersticken. Bei der Betäubung per Elektrozange kommt es nach offiziellen Schätzungen in 3,3 bis 12,5 Prozent der Fälle zu Fehlbetäubungen. Außerdem werden mehrere hunderttausend Schweine jährlich nicht richtig »abgestochen«, so dass sie im heißen Brühbad wieder erwachen, wo sie dann qualvoll ertrinken (BT). Insgesamt tötet die Fleischwirtschaft in Deutschland knapp 60 Millionen Schweine jährlich.

Rinder. Die domestizierten Rinder, die wir heute für die Erzeugung von Fleisch und Milchprodukten nutzen, stammen von Auerochsen ab. Unter naturnahen Bedingungen leben sie in Gruppen aus erwachsenen Kühen und Jungtieren (Winckler 2009). Bullen verlassen im Alter von etwa zwei Jahren die Herde. Während der Decksaison stoßen sie zu den Herden dazu, so dass für begrenzte Zeiträume gemischte Herden entstehen.

Für die Geburt sondern sich die Kühe oft von der Herde ab und suchen einen geschützten Ort auf. Nach einer mehrstündigen Geburt leckt die Kuh das Kalb trocken und unterstützt es bei den ersten Gehversuchen und der Milchaufnahme aus dem Euter. Kühe säugen ihre Kälber, wenn sie die Gelegenheit dazu haben, in der Regel bis zum Ende des ersten Lebensjahres. Eine Bindung bleibt häufig über viele Jahre bestehen. Die Herden sind gekennzeichnet von engen, oft lebenslangen Beziehungen von Kühen sowohl zu ihren Kälbern bzw. Müttern als auch zu nicht-verwandten Tieren. Bei Weidehaltung verbringen Rinder 8 bis 12 Stunden pro Tag mit dem Grasen. Befreundete Tiere grasen und liegen gern nebeneinander und lecken sich auch gegenseitig, zur Körperpflege und als Ausdruck und Stärkung der Beziehungen (ebd.).

Die Rinderhalterin Rosamund Young beschreibt in einem Buch ihre Beobachtungen der Tiere. Sie betont, dass alle Rinder individuelle Persönlichkeiten haben: »Kühe sind so unterschiedlich wie Menschen. Sie können höchst intelligent sein oder auch schwer von Begriff. Freundlich, umsichtig, aggressiv, gelehrig, erfindungsreich, langweilig, stolz oder schüchtern.« (Young 2018, 17) Young schildert, wie Kühe kommunizieren, Konflikte austragen und sich gegenseitig helfen – zum Beispiel indem eine Kuh ihre Tochter beim Kalben unterstützt oder die Enkelkinder babysittet.

In Deutschland werden Rinder entweder primär für die Milcherzeugung gehalten oder für die Fleischproduktion gemästet. Von den etwa vier Millionen »Milchkühen« leben über 60 Prozent ganzjährig in Laufställen ohne Zugang nach draußen (LW). Kühe mit Weidegang verbringen im Schnitt fünf Monate pro Jahr auf der Weide und den Rest ebenfalls im Stall. Bei den Ställen herrscht der Laufstall vor, in dem sich die Kühe zwischen Fressplätzen, Liegebuchten und Melkständen bewegen können. Daneben ist gerade in kleinen Betrieben in Süddeutschland noch die Anbindehaltung üblich, bei der die Kühe am Hals über Monate am selben Platz festgebunden sind.

Auch in den Laufställen ist es für Kühe schwierig, natürliche Verhaltensweisen auszuleben. Statt stundenlang zu grasen, fressen sie in viel kürzerer Zeit häufig energiereiches Futter mit Getreide und Soja. Auch das Sozialleben ist beeinträchtigt: Tiere werden häufig umgruppiert, freundschaftliche Beziehungen können sich kaum bilden, stattdessen herrschen Dominanzbeziehungen vor (Winckler 2009, 84). Besonders einschneidend ist die in fast allen Milchbetrieben übliche Trennung von Kuh und Kalb direkt nach der Geburt. Wie alle Säugetiere bilden weibliche Rinder erst nach einer Geburt Milch. Ab dem Alter von eineinhalb Jahren werden die »Milchkühe« etwa einmal jährlich besamt, um den höchsten Milchertrag zu gewährleisten. Die Kälbchen werden ohne Kontakt zur Mutter untergebracht und erhalten ihre Nahrung aus Eimern oder Tränkeautomaten. Als Folge der Isolierung nach der Geburt entwickeln die Kälber ihr Sozialverhalten nur dürftig und sind weniger lernfähig. Hinzu kommen Verhaltensstörungen, eine höhere Krankheitsanfälligkeit und eine höhere Kälbersterblichkeit (Buchli et al. 2015).

Die Kühe sind aufgrund der Züchtung auf hohe Milchleistung und aufgrund der Haltungsbedingungen anfällig für verschiedene Krankheiten und Verletzungen – schmerzhafte Euterentzündungen, Klauen- und Stoffwechselerkrankungen sind weit verbreitet (WBA1, 95, 102–103). Einen Großteil ihres Lebens sind sie gleichzeitig sowohl trächtig als auch milchgebend, was eine hohe körperliche Belastung darstellt. Sobald die Milchproduktion einer Kuh nicht mehr wirtschaftlich ist, meist krankheitsbedingt, wird sie geschlachtet. Obwohl Rinder bis zu 20 Jahre alt werden können, liegt das Durchschnittsalter von Milchkühen in Deutschland nur zwischen viereinhalb und fünfeinhalb Jahren (ML; WBA1, 102).

Die männlichen Kälber der Kühe werden für die Kälbermast oder die Rindermast eingesetzt. Die ersten bis zu acht Wochen leben sie in der Regel in Einzelboxen. Den Rest ihres Lebens verbringen die meisten von ihnen im Stall, in Gruppenbuchten auf Spaltenboden. Dort können sie nicht rennen, nur sehr eingeschränkt spielen, nur selten bequem und entspannt ruhen, Sozial- und Erkundungsverhalten kaum ausleben (KTBL). Bei der Kälbermast werden die Tiere nach 16 bis 26 Wochen im Schlachthof getötet. Kälber aus »Zweinutzungsrassen«, die sowohl viel Milch bilden als auch schnell Fleisch ansetzen, werden häufig für ein bis zwei Jahre gemästet und dann getötet.

Bei der Schlachtung von Rindern ist eine Betäubung vorgeschrieben, die in der Regel per Bolzenschussgerät vorgenommen wird. Aufnahmen von versteckten Kameras von Schlachthöfen belegen immer wieder verstörende Gewalt. Kühe, die im Gang zur Schlachtung zusammenbrechen, werden z. B. mit Elektroschockern traktiert, um sie zum Aufstehen zu bewegen. Die Fehlbetäubungsrate liegt zwischen vier bis über neun Prozent (TB).

Hühner. Hühner sind die Tiere, die weltweit in größter Zahl genutzt und getötet werden – pro Jahr sind es über 600 Millionen Hühner allein in Deutschland. Das domestizierte Haushuhn stammt vom Bankiva-Huhn ab, das heute noch in Südostasien lebt. Haushühner zeigen noch viele Verhaltensweisen der Wildhühner, allerdings sind diese oft aufgrund von Züchtung und innerhalb der Haltungsbedingungen weniger stark ausgeprägt (Bessei/Reiter 2009). In Freiheit bilden sie Gruppen von bis zu 20 Hennen und einem Hahn (Brade et al. 2008, 99).

Bankiva-Hühner legen zehn bis vierzig Eier pro Jahr, die sie in einem vorher eingerichteten Nest ausbrüten, um anschließend die Küken aufzuziehen (Bessei/Reiter 2009). Dazu gehört, dass sie die Küken vor Gefahren beschützen und ihnen zeigen, wo sie Futter und Wasser finden. Freilebende Hühner verbringen viel Zeit mit der gemeinsamen Futtersuche. Dabei scharren, picken und kratzen sie am Boden und essen Samen, Pflanzen, Insekten und Würmer. Außerdem betreiben Hühner ausgiebige Gefiederpflege: Dazu gehört das Sandbaden und das Putzen der Federn. In der Dämmerung suchen Hühner einen möglichst hoch gelegenen Schlafplatz auf (ebd.).

Hühner verständigen sich untereinander über ihre Körperhaltung und mit über 20 verschiedenen Verständigungslauten.

Studien zeigen, dass sie über ein gewisses Ich-Bewusstsein, ein gutes Gedächtnis und womöglich auch eine Vorstellung von zukünftigen Ereignissen verfügen (Lamey 2012).

Menschen benutzen Hühner zu zwei verschiedenen Zwecken: zur Erzeugung von Fleisch und von Eiern. Seit Mitte des 20. Jahrhunderts hat man die Tiere für diese Zwecke jeweils separat gezüchtet. Während die einen schnell besonders viel Fleisch ansetzen, bringen die anderen besonders hohe Legeleistungen.

Die »Masthühner« leben üblicherweise in Ställen mit 10 000 bis 50 000 Tieren. Die Tiere werden in Brutschubladen ausgebrütet und als Küken in die Hallen eingestallt. Erlaubt ist, je nach Mastverfahren etwa 22 bis zu 26 Hühner pro Quadratmeter zu halten (Maisack 2012). Schon nach vier bis sechs Wochen erreichen die Hühner das Gewicht, mit dem sie geschlachtet werden. Hühner können sonst mehrere Jahre alt werden. Die zur Mast genutzten Tiere leiden durch ihre veränderten Körper und die beengte Haltung unter zahlreichen Einschränkungen und Krankheiten. Sie können Verhaltensweisen wie Laufen, Scharren und Putzen nur sehr eingeschränkt ausüben (ebd.; KTBL). Von einem Sozialverhalten kann kaum die Rede sein und in den großen Herden kann sich keine Rangordnung ausbilden (Bessei/Reiter 2009, 209).

Durch die oft feuchte Einstreu bekommen die Hühner Fußkrankheiten. Das schnelle Wachstum bedingt auch Beinprobleme und Stoffwechsel-Erkrankungen (WBA1, 96, 104). Die Hühner liegen die meiste Zeit ihres kurzen Lebens auf dem Boden, so dass ihr Gefieder verschmutzt und sie Hautentzündungen bekommen (Westermaier 2016). Mindestens drei bis vier Prozent Verluste sind normal (ST). Das bedeutet, dass insgesamt in Deutschland an einem einzigen Tag weit über 50 000 Hühner oft qualvoll in den Mastanlagen verenden.

Am Tag des Abtransports zum Schlachthof fangen und verladen sogenannte Fängerkolonnen oder große Maschinen die Masthühner. Die Fänger fassen die Tiere an den Beinen und tragen dabei bis zu fünf kopfüber hängende Masthühner pro Hand. Beim maschinellen Fangen hat sich ein System durchgesetzt, das die Tiere mit rotierenden Walzen auf ein Förderband »kehrt«. Bei beiden Fangmethoden erleiden Tiere Verletzungen wie Einblutungen ins Gewebe oder Knochenbrüche an Flügeln und Beinen (Knierim/Gocke 2003).

»Legehennen« leben heute in unterschiedlichen Haltungssystemen. Die klassische Batteriekäfighaltung ist seit 2010 in Deutschland verboten. »Ausgestaltete Käfige« sind dagegen noch erlaubt. In verarbeiteten Produkten sind zudem oft importierte Eier aus Legebatterien enthalten (VZ1). Über 60 Prozent der Hühner in der deutschen Eierwirtschaft verbringen ihr Leben in »Bodenhaltung«. Dabei dürfen neun Hennen pro Quadratmeter gehalten werden. Üblich sind Ställe mit vielen tausend Hühnern, in denen sich keine sozialen Gruppen bilden können. Dasselbe gilt in der Freilandhaltung mit dem Unterschied, dass die Hühner Auslauf nach draußen haben. Aufgrund von Reizarmut, hohen Gruppengrößen und Besatzdichten kommt es zu Verhaltensstörungen wie dem gegenseitigen Bepicken bis hin zum Kannibalismus (WBA1, 93–96).

In allen Haltungssystemen geht es darum, dass die Hühner in hohen Mengen Eier legen – statt bis zu 40 wie bei den Wildhühnern sind es heute etwa 300 pro Henne und Jahr. Aufgrund der permanenten Legebelastung haben die Hennen oft schwerwiegende Krankheiten und Verletzungen (Hirt et al. 2016, 409). Einer Studie zufolge erleiden durchschnittlich 53 % aller Tiere während ihres Lebens mindestens einen Knochenbruch (WBA1, 105). Sobald ihre Legeleistung nach etwa 12–15 Monaten nachlässt, werden sie geschlachtet.

Auch bei Transport und Schlachtung erfahren viele »Mast-« und »Legehühner« massives Leid. Ob die Hühner verletzt sind, spielt üblicherweise keine Rolle dafür, ob und wie sie transportiert werden. Bei der Elektrobetäubung hängt man die Tiere zuvor an den Füßen in ein Förderband ein. Aufgrund von Schmerzen und Panik schlägt ein Großteil der Tiere beim Einhängen mit den Flügeln. Es ist davon auszugehen, dass eine bedeutende Zahl dabei Ausrenkungen und Knochenbrüche erleiden (EFSA). Die männlichen Küken der Legelinien, die weder Eier legen noch schnell Fleisch ansetzen, werden üblicherweise bereits kurz nach dem Schlüpfen getötet.

In Deutschland werden neben den Hühnern pro Jahr noch über 34 Millionen Puten, 15 Millionen Enten und über 500 000

Gänse geschlachtet (STA). In den üblichen Haltungsanlagen sind zehntausende solcher Vögel in strukturlosen Hallen zusammengesperrt. Bei den Puten wirkt sich die Züchtung auf schnelle Gewichtszunahme besonders gravierend aus: Während ein Wildputer etwa 5 Kilogramm wiegt, beträgt das Gewicht eines Puters in der Nutztierhaltung nach nur fünf Monaten über 20 Kilogramm (Reiter 2009). Zucht und Haltungsbedingungen führen zu erheblichen Gesundheitsproblemen (ASSP). Die Tiere können sich zudem in vollen Ställen ohne natürliches Licht kaum orientieren und ihre Artgenossen nicht unterscheiden. Um den Auswirkungen des gegenseitigen Beipickens vorzubeugen, kürzt man den Puten im Kükenalter mit einem Infraroteingriff den Schnabel, was oft mit starken Schmerzen einhergeht und die Tiere lebenslang beeinträchtigt (Fiedler/König 2006).

Alternative Haltungsverfahren

Ich habe in den letzten Abschnitten die am weitesten verbreiteten, »konventionellen« Haltungssysteme geschildert. Nun gibt es im Handel verschiedene Tierprodukte zu kaufen, die damit werben, mehr »Tierwohl« oder eine »artgerechte Haltung« zu gewährleisten. Inwieweit unterscheidet sich die Produktion tatsächlich?

Die »Initiative Tierwohl« wurde 2015 als gemeinsames Projekt von Landwirtschaft, Fleischwirtschaft und Einzelhandel gestartet. Dabei bezahlen Supermärkte pro verkauftem Kilo Fleisch von Hühnern, Puten und Schweinen in einen Topf ein, aus dem Landwirt*innen verschiedene Maßnahmen für mehr Tierwohl in ihren Ställen umsetzen. Die Mindestanforderungen sind zehn Prozent mehr Platz für die Tiere, Beschäftigungsmaterial und zusätzliche Kontrollen wie ein Stallklima- und Tränkewassercheck (ITW). Durch diese Maßnahmen wird allerdings die Situation der Tiere kaum verbessert. Zehn Schweine können auch in einer Bucht, die 8,3 oder auch 10,5 statt 7,5 Quadratmeter groß ist, weder wühlen, noch laufen, noch suhlen, noch ihre Neugier ausleben, noch ungestört ruhen. Noch immer ziehen sie sich durch Ammoniakdämpfe, gegenseitiges Beißen und harte Spaltenböden Verletzungen und Krankheiten zu. Bei Hühnern und Puten bleibt eine Hauptursache ihrer Leiden, die Züchtung auf schnelle Gewichtszunahme, im gesamten Maßnahmenkatalog unberührt. Der deutsche Tierschutzbund, der zunächst an der Initiative Tierwohl beteiligt war, stieg eineinhalb Jahre nach dem Start aus und warf dem Projekt Verbrauchertäuschung vor (Deter 2018 a).

Es gibt verschiedene weitere Label für Tierprodukte, die ich nicht im Einzelnen darstelle. Häufig werden dadurch bessere Bedingungen suggeriert, als tatsächlich bestehen, wie z. B. bei der Kennzeichnung »Weidemilch« – dieser Begriff ist rechtlich nicht geschützt. Viele Kühe sind trotzdem den Großteil des Jahres im Stall, teilweise sogar angebunden (VZ2). Als höchster Standard gelten die Richtlinien der Biotierhaltung. Viele Menschen glauben, dass Biohaltung sich wesentlich von konventionellen Verfahren unterscheidet – dass zum Beispiel alle Bio-Tiere Auslauf ins Grüne haben, in kleinen Gruppen leben, in Familienverbänden aufwachsen oder deutlich später geschlachtet werden als in der sogenannten Massentierhaltung. Tatsächlich sind diese Vermutungen in den meisten Fällen falsch. Wie ich im Folgenden darstelle, ist die Situation der Tiere in Biobetrieben bei allen Unterschieden nicht grundlegend anders als in konventionellen Betrieben.

»Mastschweinen« steht in Biobetrieben z. B. ein Auslauf an frischer Luft zu. Dieser muss allerdings nach EU-Verordnung und auch bei allen Bioverbänden wie Bioland, naturland oder demeter nur einen Quadratmeter pro Schwein betragen. Üblich sind Buchten mit Betonboden, in die Stroh gegeben wird. Wühlen in der Erde, Suhlen oder Erkunden einer abwechslungsreichen Umgebung sind dort nicht möglich.

Biomilch stammt in der Regel von Kühen, die zumindest einige Monate im Jahr auf der Weide sind. Auch sie werden aber etwa jährlich besamt und ihre Kälber werden ihnen weggenommen. Eine »alternative Kälberaufzucht«, bei der die Kälber bei ihren Müttern oder Ammenkühen säugen, findet nur bei etwa 5 Prozent der Bioland- und demeter-Betriebe statt (MR). Auch den meisten Bio-Kühen werden die Hörner entfernt. Mit Ausnahmeregelungen dürfen sie sogar zeitweise angebunden im

Stall stehen. Die Kälber von Bio-Kühen werden oft in die konventionelle Mast verkauft (ÖL). Und Bio-Mastrinder müssen zum Beispiel bei Bioland erst ab dem Alter von 12 Monaten Auslauf nach draußen bekommen (BL).

»Legehühner« dürfen bei EU-Bio ebenso wie nach demeter-Richtlinien in Gruppen bis zu 3000 Tiere gehalten werden, in denen sie keine Sozialstruktur ausbilden können. Die erlaubte Besatzdichte beträgt im Stall sechs Hühner pro Quadratmeter, hinzu kommt ein Auslauf von vier Quadratmetern pro Huhn. Allerdings nutzen die Hühner teilweise die vorgeschriebenen Ausläufe gar nicht, weil Büsche und Bäume zum Verstecken fehlen – Hühner meiden in der Regel weite Freiflächen, auf denen sie Raubtieren zum Opfer fallen können. Bio-»Masthühner« wachsen langsamer und leben länger als konventionelle Rassen, jedoch auch meist nur 68 bis 70 Tage (ÖH). Sie werden in Gruppen von bis zu 4800 Tieren gehalten (BL). Praktisch alle wirtschaftlich genutzten Vögel werden maschinell ausgebrütet und mutterlos aufgezogen (Bessei/Reiter 2009, 207).

Viele Tiere leiden auch im Bio-Bereich unter »Produktionskrankheiten« aufgrund von Zucht und Haltung. Einer Studie zufolge sind Bio-Kühe europaweit nicht gesünder als ihre Artgenossen in konventionellen Ställen (Reidt 2018). Bio-»Legehennen« sind wie konventionelle auf hohe Legeleistung gezüchtet. Auch im Bio-Bereich werden die allermeisten männlichen Küken nach der Geburt getötet, weil sie wirtschaftlich unnütz sind. Der Transport zum Schlachthof bedeutet oftmals Angst und Stress. Tierschutzverstöße und Gewalt kurz vor und bei der Tötung werden immer wieder auch in öko-zertifizierten Schlachthöfen dokumentiert (Batzer/Sebald 2017; Maurin 2018; Deter 2018 b).

Insgesamt kann man daher bei ökologisch erzeugten Tierprodukten nicht davon ausgehen, dass es den Tieren zu Lebzeiten grundlegend besser geht. Es gibt zwar in der Tat Höfe, deren Bedingungen deutlich über den erlaubten Bio-Standard hinausgehen – wo Schweine z.B. in Wiese und Wald wühlen oder Hühner in Kleingruppen gehalten werden. Da aber die Bio-Betriebe mit zehntausenden Hühnern bzw. mit hunderten Schweinen insgesamt gesehen so viel mehr Produkte liefern, kommt auch im Bio-Bereich nur ein Bruchteil der Waren von solchen Ausnahmehöfen. In Brandenburg stammen z. B. bis zu 90 Prozent der Bio-Eier aus Betrieben mit mindestens 30000 Tieren (Wangemann/Iffert 2018).

Mengenmäßig sind schon die Bio-Tierprodukte als solche marginal: Im Jahr 2018 betrug der Bio-Anteil an der Gesamtverkaufsmenge bei Eiern unter 13 Prozent, bei Milch unter 9 Prozent, bei Butter und Quark etwa 3 Prozent und bei Fleisch- und Wurstwaren sogar unter 2 Prozent (BÖL). Wenn davon also wiederum die übergroße Menge aus Betrieben kommt, die nur die Mindestanforderungen erfüllen, können wir zusammenfassen: Mindestens 99 Prozent der Produkte aus der Nutztierhaltung werden auf eine Weise erzeugt, die vielen Tieren schwere Leiden zufügt und alle Tiere zu Leben zwingt, in denen sie zentrale Verhaltensweisen nicht ausleben können.

Jagd und Fischerei

Es gibt auch Tierprodukte, die nicht aus der Nutztierhaltung in diesem Sinne stammen. Dazu gehört Fleisch von Wildtieren aus der Jagd. Hier ist es zumindest möglich, dass die Tiere zu Lebzeiten ihre Bedürfnisse erfüllen können und durch einen gezielten Schuss schmerzfrei getötet werden. In der Realität ist das allerdings sehr oft nicht gegeben: Viele Tiere werden durch Schüsse nur verletzt und sterben qualvoll (s. Abschnitt 2.2). Beim Kauf von Wildprodukten müssen wir also auch davon ausgehen, dass Tiere Leid erfahren haben. Wildfleisch macht in Deutschland insgesamt nur etwa ein Prozent des konsumierten Fleisches aus.

Außerdem essen viele Menschen regelmäßig Körperteile von Wassertieren. Dabei geht es noch um gigantisch viel mehr Individuen als bei den Säugetieren und Vögeln – Schätzungen zufolge essen die Deutschen über zehn Milliarden Fische pro Jahr (ASS). Ich beschränke mich hier auf die Wirbeltiere, weil bei Krebs- und Weichtieren schwerer zu beurteilen ist, in welchem Maß sie schmerzempfindlich sind.

Bei Fischen belegt die Forschung dagegen mittlerweile ziemlich klar, dass es sich um empfindungsfähige Lebewesen mit vielfältigen Verhaltensweisen und Fähigkeiten handelt (Wild

2012). Sie sind lernfähig, haben ein komplexes Sozialverhalten und wir sollten davon ausgehen, dass sie Unwohlsein, Schmerz, Angst und Stress, aber auch Genuss und Zufriedenheit ebenso erleben können wie Landtiere, die uns in ihrem Äußeren vertrauter und in ihrer Biologie und Anatomie ähnlicher sind (Franks et al. 2018).

Fische, die zum Verzehr verkauft werden, stammen entweder aus Wildfang oder aus Aquakultur. In beiden Fällen kann man davon ausgehen, dass der Fisch vor seinem Tod großes Leid erfahren hat. Die Hochseefischerei arbeitet mit verschiedenen Arten von Netzen und Langleinen. In großen Schleppnetzen und Ringwadennetzen werden die Fische eng zusammengedrückt. Wenn die Netze eingeholt werden, können sich die Schwimmblasen durch den Druckabfall plötzlich ausdehnen, so dass den Fischen die Gedärme aus Mund und Anus heraustreten. Der gesamte Schleppvorgang kann viele Stunden dauern. An Bord der Schiffe ersticken die Fische entweder an der Luft – was mehrere Stunden dauern kann – oder sie sterben, während sie lebendig ausgenommen werden (Lambooji et al. 2012; Mood 2010, 66).

In der industriellen Fischerei kommen außerdem bis zu 100 km lange Leinen zum Einsatz, an denen mehrere tausend einzelne Köderhaken angebracht sind. Als Köder werden häufig lebendige Fische verwendet, die zuvor gefangen und dann bei vollem Bewusstsein auf die Haken gespießt werden. Die damit geköderten Fische wiederum hängen oft stunden- oder tagelang an den Leinen, bis die Leinen eingeholt werden (Mood 2010, 53). Bei Fischen, die von kleinen Fischerbooten aus dem Wasser geholt oder geangelt werden, ist ebenfalls davon auszugehen, dass der Fang starke Schmerzen hervorruft.

Weil viele Fischbestände überfischt sind und die Fangmengen sinken, werden immer mehr Fische in Aquakultur aufgezogen. Der Großteil der in Deutschland verkauften Produkte stammt dabei aus dem Ausland. Aquakulturen weisen viele Gemeinsamkeiten mit der intensiven Haltung von Landtieren auf. Aufgrund von hohen Besatzdichten und Hygienemängeln können sich Krankheiten und Parasiten in Aquakulturen ausbreiten. So kommt es zum Beispiel in Lachsfarmen immer wieder zu Massenbefall mit Lachsläusen, die den Tieren Schmerzen und Stress verursachen (Burger 2020). Die Haltungsumgebung selbst ist typischerweise reizarm und ohne jegliche Strukturen. Auf Verhaltensbedürfnisse und Sozialverhalten der Fische wird keine Rücksicht genommen. Auch die Tötung ist oft sehr leidvoll für die Tiere (Wirths 2011).

Wir müssen also bei allen Fischen und Fischprodukten, die im Handel zu kaufen sind, davon ausgehen, dass ihre Erzeugung großes Leid verursacht. Der Anteil der leidvoll erzeugten Tierprodukte bleibt damit also, auch wenn wir Jagd und Fischerei mit einbeziehen, bei mindestens 99 Prozent.

1.3 Tierethische Bewertung der Praxis

Viele Menschen würden die üblichen Umgangsweise mit Tieren, die ich im letzten Abschnitt geschildert habe, ohne zu Zögern als falsch beurteilen: Schweinen die Ringelschwänze abzuschneiden, damit sie sich nicht aus Langeweile gegenseitig anfressen, Hühner so zu züchten, dass sie nicht mehr laufen können, Säugetier-Müttern ihre Kinder gleich nach der Geburt wegzunehmen oder Fische langsam ersticken zu lassen – es ist für viele von uns offensichtlich, dass man so mit fühlenden Lebewesen nicht umgehen darf, zumal wenn es nicht um das eigene Überleben, sondern nur darum geht, eine größere Menge bestimmter Produkte zu günstigeren Preisen herzustellen. Zur Erklärung dieser Bewertung kann man sich also auf die zu Anfang genannte, weit verbreitete ethische Überzeugung berufen, dass wir Tieren nicht ohne gewichtigen Grund Leid und Schaden zufügen sollten (DeGrazia 2009).

Auch weil diese Bewertung so offensichtlich und zwingend erscheint, spielt sich der Hauptteil der gesellschaftlichen Debatte im Vorfeld ab, nämlich bei der Frage, wie der übliche Umgang mit Tieren tatsächlich aussieht. Wenn wir allerdings die Realität klar vor Augen haben, stehen Verteidiger*innen der Tierhaltung vor der Herausforderung, gewichtige Gründe für die bestehende Praxis anzuführen: Warum sollten wir als Gesellschaft auf diese Weise Nahrungsmittel produzieren? Es ist aus meiner Sicht wichtig festzustellen, dass es sich um eine gesamtgesellschaftliche Frage handelt und die Verantwortung z. B. nicht allein den Tierhalter*innen oder den Konsument*innen zugeschoben werden kann. Die herrschenden Bedingungen gehen nicht auf Einzelentscheidungen dieser Akteure zurück, sondern haben sich in erster Linie aufgrund wirtschaftlicher Bedingungen und politischer Vorgaben über Jahrzehnte entwickelt. In diesem Abschnitt werde ich mehrere möglicher Rechtfertigungsgründe für die aktuellen Zustände diskutieren, um zu zeigen, dass keiner von ihnen hinreichend ist.

Die Idee, dass Tierprodukte notwendig für eine gesunde Ernährung seien, habe ich bereits in der Einleitung zurückgewiesen. Sofern wir die Möglichkeit haben, uns vielfältig pflanzlich zu ernähren – was ich hier voraussetze – essen wir Fleisch, Fisch, Milch und Eier allein aus Gründen des Geschmacks, der Bequemlichkeit, der Gewohnheit oder auch der Kultur, insofern die kulinarischen Traditionen aller Länder Tierprodukte beinhalten. In anderen Fällen sehen wir allerdings den Verweis auf Geschmack, Bequemlichkeit, Gewohnheit oder Kultur nicht als guten Grund dafür an, Tieren Leid und Schaden zuzufügen. Gänsestopfleber z. B., die sehr gut schmecken soll, wird hierzulande weithin abgelehnt und die Erzeugung ist verboten, denn dabei werden die Gänse zwangsgefüttert, was extrem leidvoll für sie ist. Wer den spanischen Stierkampf grausam und falsch findet, wird sich nicht mit dem Hinweis vom Gegenteil überzeugen lassen, dass es sich um ein Kulturgut handelt.

Bisweilen wird behauptet, dass es ein Gebot der sozialen Gerechtigkeit sei, Tierprodukte in großer Menge zu günstigen Preisen verfügbar zu halten. Die aktuelle Form der Tierhaltung sei legitim, weil sie dies ermögliche. Allerdings ist schwer zu begründen, warum gerade Tierprodukte Güter sein sollten, die aus Gerechtigkeitsgründen allen in großer Menge zur Verfügung stehen sollten – insofern sie für eine gesunde Ernährung nicht nötig und in hoher Menge wohl sogar schädlich sind, könnte man sie eher mit Luxuswaren wie Schokolade vergleichen.

Schließlich verweisen Verteidiger*innen der aktuellen Tierhaltung und Fischerei darauf, dass die Zukunft vieler Unternehmen und der zugehörigen Arbeitsplätze nur gesichert werden könne, wenn diese Praxis aufrechterhalten würde. Auch das ist keine hinreichende Rechtfertigung (DeGrazia 2009, 155). Wir wären als Gesellschaft selbstverständlich in der Lage, diese Branchen umzubauen oder abzuschaffen und die Folgen für Einzelne auf faire Weise abzufedern – genauso, wie das im Hinblick auf andere Branchen wie die fossile Energiewirtschaft gefordert und mehr oder weniger erfolgreich umgesetzt wird.

Ich möchte noch auf eine letzte Überlegung eingehen, die bisweilen zur Verteidigung der Nutztierhaltung vorgebracht wird. Diese gesteht zu, dass wir den Tieren dabei Leiden und Schäden verursachen. Allerdings seien, so der Einwand, alle Formen der Erzeugung von Nahrungsmitteln mit Leiden und Schäden für andere Lebewesen verbunden, so dass wir auch gleich weiter Tiere essen könnten.

Eine erste Version des Einwands bezieht dabei auch die Pflanzen ein: Wir könnten ja nicht wissen, ob diese nicht ebenfalls empfindungsfähig seien. Ich halte diesen Einwand nicht für überzeugend. Erstens spricht – bei allen erstaunlichen Fähigkeiten von Pflanzen – wenig dafür, dass sie in vergleichbarer Weise Schmerzen oder Freude erfahren können wie wir Menschen und die anderen Wirbeltiere (Adick 2019). Tatsächlich denke ich auch nicht, dass die Vertreter*innen dieses Einwands selbst wirklich davon überzeugt sind – typischerweise sehen sie kein Problem darin, ihren Rasen zu mähen oder ihre Hecke zu schneiden, während sie ihrem Hund nicht die Beine abschneiden würden (Engel 2000, 879). Selbst wenn wir davon ausgingen, dass Pflanzen auch moralisch berücksichtigt werden müssen, würde uns das zweitens eher einen weiteren Grund liefern, Pflanzen statt Tiere zu essen – denn die Tiere müssen ja zuvor mit vielen Pflanzen gefüttert werden.

In einer zweiten Version bezieht sich der Einwand auf Schäden für Tiere oder Ökosysteme, die beim Ackerbau für pflanzliche Nahrungsmittel entstehen. Zur Verteidigung bestimmter Formen der Tierhaltung ist der Einwand ernstzunehmen, wenn auch letztlich nicht überzeugend (s. Abschnitt 2.4). In Bezug auf die Mehrzahl der Tierprodukte, um die es in diesem Kapitel geht, lässt er sich allerdings schnell entkräften: Fast alle Tiere, die wir zu Ernährungszwecken halten, füttern wir u. a. mit Pflanzen, die zuvor auf Äckern angebaut wurden. Für die Erzeugung von Tierprodukten muss daher praktisch mehr statt weniger Ackerbau betrieben werden als für pflanzliche Produkte.

Mein Fazit lautet also: Auf der Basis von Überzeugungen, die fest im gesellschaftlichen Konsens verankert sind, lässt sich urteilen, dass mindestens 99 Prozent der verfügbaren Tierprodukte auf Weisen erzeugt werden, die ethisch nicht vertretbar sind. Das liegt daran, dass im Rahmen dieser Praktiken vielen Tieren große Leiden und Schäden zugefügt werden und es dafür keine hinreichend gewichtigen Gründe gibt.

Meine Darstellung zeigt weiterhin, dass kleine Veränderungen, wie sie zum Beispiel die Initiative Tierwohl voranbringt, die Situation nicht akzeptabel machen. Auch die geltenden Richtlinien für Bio-Tierhaltung, die allgemein als höchste Standards gelten, sorgen nicht dafür, dass Tiere vor zucht- und haltungsbedingten Leiden geschützt wären. Ebenso gewährleisten sie nicht, dass Tiere ihre Verhaltensweisen so ausleben können, wie es zu einem guten Leben dazugehören würde (Sezgin 2014, 133–186).

1.4 Andere negative Folgen von Nutztierhaltung und Fischerei

In diesem Abschnitt werde ich zeigen, dass die heute übliche Nutztierhaltung und die Fischerei nicht nur die betroffenen Tiere enorm schädigen, sondern weitere gravierende Folgen haben. Wir befinden uns derzeit mitten in einer globalen ökologischen Krise, die schon jetzt dafür sorgt, dass zahlreiche Tierarten und ganze Ökosysteme vernichtet und viele Menschen geschädigt und getötet werden. Wenn das Klima sich weiter erwärmt, steht der Fortbestand geordneter menschlicher Gesellschaften auf dem Spiel. Unser Konsum von Tierprodukten hat mit diesen Entwicklungen direkt zu tun.

Die heutige Landwirtschaft trägt wesentlich zu Klimakatastrophe und ökologischer Krise bei. Knapp ein Viertel der globalen Treibhausgasemissionen stammen aus der Landnutzung und Landbewirtschaftung (IP, 8). Um mehr Flächen landwirtschaftlich nutzbar zu machen, werden Wälder abgeholzt und Moore trockengelegt. Die Artenvielfalt sinkt in der Regel auf Nutzflächen rapide (ebd., 5).

Die Nutztierhaltung ist für den größten Teil dieser negativen ökologischen Folgen verantwortlich. Der Landverbrauch der Tierhaltung ist immens: Global nimmt sie über 80 Prozent der Agrarflächen in Anspruch, obwohl sie zugleich nur 18 Prozent der verzehrten Kalorien liefert (Poore/Nemecek 2018). Ein Großteil dieser Flächen ist Weideland, aber global dienen auch 40 Prozent der Ackerfläche der Fütterung von Nutztieren (Mottet et. al. 2017, 5). In Deutschland beansprucht die Tierhaltung über die Hälfte der Gesamtagrarfläche, darunter 46 Prozent des Ackerlands (WBA1, 15). Damit gehen auch die dort ausgebrachten Pestizide und Düngemittel auf das Konto der Tierhaltung. Zusätzlich wird für die hiesigen Tieranlagen proteinreiches Soja importiert. Dieser »virtuelle Flächenimport« begünstigt nicht nur die Abholzung von Regenwäldern, sondern ist auch im Zusammenhang mit Landraub und Menschenrechtsverletzungen im Globalen Süden zu sehen.

Treibhausgase entstehen einerseits durch Landverbrauch und Düngung, zusätzlich aber in der Tierhaltung durch Methan aus der Verdauung vor allem von Rindern und durch das Güllemanagement. Die Ernährungs- und Landwirtschaftsorganisation der Vereinten Nationen schätzt den Anteil der Tierproduktion an den globalen Treibhausgasen auf 14,5 Prozent (FAO). Dabei ist allerdings noch nicht mitgerechnet, dass die Renaturierung von Flächen, die im Augenblick für die Nutztierhaltung verwendet werden, zur Bindung von Kohlenstoff in diesen Flächen führen würde. In Deutschland hat die Tierhaltung zwar einen geringeren Anteil an den Gesamtemissionen, u. a. weil die Emissionen aus anderen Sektoren höher sind. Trotzdem gibt es große Einsparungspotentiale. Das Umweltbundesamt sieht in der Reduzierung der Tierbestände und entsprechenden Veränderungen der Ernährungsmuster die größte Stellschraube, um die landwirtschaftlichen Treibhausgase zu verringern (Umweltbundesamt 2019, 309).

Die Tierhaltung ist in Deutschland außerdem maßgeblich für hohe Stickstoffüberschüsse verantwortlich, die zu Artenverlust und Verschmutzung des Grundwassers führen. Tierhaltungsanlagen sind ferner die Hauptquelle von Ammoniakemissionen aus der Landwirtschaft, die Land- und Wasserökosysteme schädigen (ebd., 308).

Aus wissenschaftlicher Sicht besteht Einigkeit, dass Tierhaltung und Tierproduktkonsum aus all diesen Gründen stark gesenkt werden müssen (WBA2; Poore/Nemecek 2018; Springmann et al. 2016). Hinzu kommt, dass der hohe Konsum von Tierprodukten im Zusammenhang mit verschiedenen Zivilisationskrankheiten steht. Expert*innen sehen daher auch in dieser Hinsicht mindestens eine deutlich Reduzierung als sinnvoll an (Springmann et al. 2016; Michalsen et al. 2019). Der hohe Einsatz von Antibiotika in der Tierhaltung stellt eine weitere Gesundheitsgefahr dar, insofern er die Entstehung multiresistenter Keime begünstigt (Benning/Preuß-Überschär 2019). Große Tierhaltungsanlagen bieten günstige Bedingungen für die Entstehung neuer Bakterienstämme und Viren – eine Gefahr, für die seit der Corona-Pandemie die öffentliche Aufmerksamkeit steigt (Cohen 2020).

Nicht zuletzt sind die Arbeitsbedingungen in der Tierindustrie wie in Schlachthöfen sehr kritikwürdig (NRW). Auch das wurde zuletzt während der Corona-Krise besonders deutlich, als sich in Schlachthöfen die Infektionen häuften. Arbeitsrechtsinitiativen kritisieren lange Schichten, fehlende medizinische Vorsorge, Unterbringung in verschmutzten Sammelunterkünften und schlechte Bezahlung (Hecking/Klawitter 2020).

Industrielle Fischerei und Aquakultur sind ökologisch ebenfalls hoch problematisch. Ein Drittel der globalen Fischbestände gelten trotz bereits vorhandener Regulation als »überfischt« (FAO2, 90). Die Fischerei schädigt marine Ökosysteme, die bereits durch Klimaveränderungen und Verschmutzung unter Druck stehen. Ein Teil des Plastikmülls sind dabei alte Fischnetze, in einigen Regionen bis zu 85 Prozent (Greenpeace 2019). Aquakultur stellt keine Lösung dar, da sie selbst verschiedene Umweltprobleme mit sich bringt (BÖLL).

Es gibt also viele gute Gründe, die gegen die aktuelle Erzeugung von Tierprodukten sprechen. Damit behaupte ich nicht, dass die üblichen Pflanzenproduktionsweisen harmlos wären –

daher müssen im Rahmen der nötigen Agrarwende offenkundig auch Acker-, Gemüse- und Obstbau auf nachhaltigere, klimaschützende und sozial gerechte Methoden umgestellt werden.

1.5 Vier theoretische Perspektiven

Ich habe für die bisherige Argumentation keine spezifischen Thesen über das Wesen der Moral zugrunde gelegt. Es gibt nun sehr unterschiedliche Theorien darüber, was moralische Richtigkeit ausmacht, wie sie begründet wird und was zur ethischen Reflexion dazugehört. Zu den bekanntesten gehören Utilitarismus, deontologische Ethik, Tugendethik und Mitleidsethik. Aus meiner Sicht können mehrere dieser Perspektiven gute Gründe für ihren jeweiligen Ansatz vorweisen. Eine genauere Beschäftigung mit ihnen zeigt außerdem, so denke ich, dass jede der Perspektiven bestimmte Überlegungen abbildet, die beim ethischen Nachdenken – sei es in persönlichen Gesprächen oder politischen Diskussionen – eine Rolle spielen. Ich gehe daher davon aus, dass wir uns für die Beurteilung lebenspraktischer und politischer Fragen nicht von vorneherein für einen der Ansätze zu Lasten der anderen entscheiden sollten.

Im Folgenden werde ich zeigen, wie sich die Kritik an der Tierhaltung aus drei unterschiedlichen moraltheoretischen Perspektiven formulieren lässt. Das gibt mir außerdem die Gelegenheit, die betreffenden Perspektiven jeweils kurz zu skizzieren, um im späteren Verlauf des Buches auf sie zurückgreifen zu können. Ich nehme bei diesem Vorgehen zwangsläufig eine Auswahl und Vereinfachungen vor, einiges wird in Kapitel 2 noch vertieft. Zuerst betrachte ich die Thematik aus der Perspektive der zwei wohl bekanntesten moraltheoretischen Ansätze, Utilitarismus und deontologische Ethik. Danach beschreibe ich eine dritte Perspektive, die ich »Ethik der Sensibilität« nenne. Dabei greife ich auf Überlegungen aus verschiedenen Traditionen wie der Mitleids- und der Tugendethik zurück. Im Anschluss daran führe ich noch einen vierten Ansatz ein, den ich »politische Perspektive« nenne. Darin erscheint der heute übliche Umgang mit Tieren nicht nur als ethisches

Problem, sondern als strukturelles und institutionalisiertes Unrecht.

Utilitaristische Perspektive

Der Utilitarismus ist eine Version der konsequentialistischen Perspektive, aus der es für die moralische Beurteilung einer Handlung ausschließlich auf deren Folgen für alle Betroffenen ankommt. Dabei kann man noch zwei Varianten unterscheiden: Im hedonistischen Utilitarismus geht es darum, die beste Bilanz von Glück und Leid zu erzielen. Da auch Tiere leiden können, liegt es nahe, sie ebenfalls zu den Betroffenen zu zählen. Historisch gesehen haben utilitaristische Ethiker wie Jeremy Bentham und John Stuart Mill schon vergleichsweise früh, nämlich Anfang bzw. Mitte des 19. Jahrhundert, auch die Tiere explizit in die Ethik einbezogen (Bentham 1970, 283; Mill 1987, 253).

Die zweite Variante ist der Präferenzutilitarismus. Er wurde u. a. von Peter Singer vertreten, der zu den bekanntesten zeitgenössischen Tierethiker*innen gehört (Singer 2013). Im Präferenzutilitarismus ist eine Handlung dann richtig, wenn sie im Hinblick auf Befriedigung und Frustration aller relevanten Interessen die beste Bilanz erzielt. Auch wenn viele Tiere wohl keine Interessen haben, die ihnen als solche bewusst wären, erscheint es sinnvoll, ihnen Interessen zuzuschreiben – so würden wir z. B. sagen, dass Schweine oder Hühner das Interesse haben, keine Schmerzen zu erleiden oder möglichst erfüllte Leben zu führen.

Die weit verbreitete Überzeugung, dass wir Tieren nicht ohne gewichtige Gründe Leiden und Schäden zufügen sollten, lässt sich aus utilitaristischer Perspektive so ausbuchstabieren: Tieren Leid zuzufügen bzw. ihre Interessen zu frustrieren, kann nur dann legitim sein, wenn damit zugleich ein Nutzen entsteht, der das Leid bzw. die Interessenfrustration überwiegt, so dass die Bilanz insgesamt positiv ist. Zusätzlich müssten wir annehmen, dass der betreffende Nutzen nicht anderweitig und zu geringeren Kosten erreicht werden kann.

Im Hinblick auf die übliche Tierhaltung ist der Schaden für Tiere (und auch Menschen) immens, wie ich dargestellt habe.

Die positiven Effekte für Menschen sind dagegen entweder vergleichsweise klein oder könnten auch anderweitig erreicht werden – oder beides. Denn wir sind weder individuell noch gesamtgesellschaftlich auf die Tierhaltung in der aktuellen Form angewiesen. Geschmack, Bequemlichkeit, Kultur und Gewohnheit bzw. die durch den Verzehr entstehenden positiven Gefühle wiegen ziemlich wenig im Vergleich zu den relevanten Interessen der Tiere bzw. zu dem verursachten Leid.

Diesem Urteil sollten Sie auch dann zustimmen können, wenn Sie davon ausgehen, dass Tiere generell moralisch weniger zählen als Menschen. Sie könnten also durchaus der Meinung sein, dass wir in echten Konfliktfällen – wenn z. B. das Leid von Menschen gegen das von Tieren steht – Menschen bevorzugen sollten, und zugleich denken: Günstige Schnitzel sind es nicht wert, Schweine ihr ganzes Leben lang auf wenigen Quadratmetern einzusperren oder sie unter Schmerzen zu töten. Denn auch wenn Tiere weniger zählen, so zählen sie nicht beliebig wenig. Die übliche Tierhaltung verursacht so große Leiden für so viele Tiere, dass eine Nutzen-Schaden-Abwägung klar gegen diese Praxis spricht.

Deontologische Perspektive

Deontologische Ethiken gehen davon aus, dass die Richtigkeit einer Handlung nicht oder nicht ausschließlich in ihren Konsequenzen liegt, sondern anhand anderer moralischer Erwägungen oder Prinzipien beurteilt wird. Solche Prinzipien können z. B. allgemeine Rechte für Menschen (und/oder Tiere) benennen oder eine Liste an Pflichten formulieren. Die These, dass Tiere Grundrechte z. B. auf Leben und Freiheit haben, gehört offenbar heute nicht zum gesellschaftlichen Konsens und wird auch innerhalb der Philosophie von einigen Autor*innen bestritten. Diese verweisen dabei häufig auf die Tatsache, dass Tiere nicht im selben Sinne wie Menschen über Vernunft oder moralische Entscheidungsfähigkeit verfügen. Aus diesem Grund könne man ihnen auch keine Grundrechte zuschreiben. Immanuel Kant hatte Tiere im 18. Jahrhundert sogar zu bloßen »Mitteln« erklärt mit der Begründung, dass ihnen Vernunft fehle

(Kant 2007, 428). Ich werde solche Argumente im zweiten Kapitel diskutieren.

Für die Ziele dieses Kapitels ist es wichtig zu sehen, dass es in einer deontologischen Ethik nicht allein um Grundrechte gehen muss. Auch diejenigen, die heute Tieren Grundrechte absprechen, denken üblicherweise nicht, dass wir beliebig mit ihnen umspringen dürften (Cohen 2007, 95). Auch Kant gesteht dazu, dass wir Tiere nicht quälen sollten – wenn er darin auch nur eine indirekte Pflicht sieht, die wir eigentlich uns selbst schuldeten, da Grausamkeit gegenüber Tieren uns auch gegenüber Menschen verrohen ließe (Kant 1977, 578). Die allermeisten Menschen heute sind sich einig, dass Tiere nicht nur Mittel zum Zweck und nicht nur Gegenstand indirekter Pflichten sind, sondern eigene Ansprüche an uns stellen. Einige Prinzipien zum Umgang mit Tieren sind entsprechend weithin akzeptiert – dazu gehört z. B., dass wir Tieren nicht achtlos oder grausam, sondern mit Respekt und Rücksicht begegnen sollten. Manche Autor*innen haben sogar auf Grundlage der Moraltheorie Kants dafür argumentiert, dass wir die direkte Pflicht haben, Tiere gut zu behandeln. Als Begründung führen sie z. B. an, dass Tiere wie Menschen ein großes Interesse an einem schmerzfreien Leben hätten. Wir könnten uns vorstellen, an Stelle des Tieres zu sein und nicht gequält werden zu wollen. Deshalb sei der Schmerz und das Leid der Tiere moralisch bedeutsam (Timmermann 2005).

Die oben zugrunde gelegte Überzeugung, dass wir Tieren nicht ohne gewichtigen Grund Leid zufügen dürfen, lässt sich nun ebenso als Prinzip verstehen, das nicht auf eine Folgenabwägung abzielt und zugleich ohne die Annahme von Tierrechten auskommt. Wir bewerten dann Handlungen im Hinblick auf die Stärke der rechtfertigenden Gründe, indem wir z. B. sagen: Ganz unabhängig davon, wie viel Freude Menschen beim Fleischessen verspüren, kann bloßer Genuss nie ein hinreichender Grund dafür sein, Tieren Schmerzen und Schäden zuzufügen (Rachels 2016).

Sogar im deutschen Tierschutzgesetz stehen einige Sätze, die als moralische Prinzipien bzw. Formulierungen von Pflichten weite Akzeptanz finden dürften: »Wer ein Tier hält, betreut oder

zu betreuen hat, muss das Tier seiner Art und seinen Bedürfnissen entsprechend angemessen ernähren, pflegen und verhal-
tensgerecht unterbringen«. Wie ich dargestellt habe, wird dieses
Prinzip offensichtlich in der Realität nicht umgesetzt (Maisack
2012). Auch auf diese Weise ließe sich also im Rahmen einer deontologischen Perspektive die übliche Tierhaltung kritisieren.

Ethik der Sensibilität

Unter dem Titel »Ethik der Sensibilität« fasse ich mehrere Ansätze zusammen, die in der Tierethik in den letzten Jahrzehnten
entwickelt wurden. Sie sollen eine Alternative zu den »klassischen« Herangehensweisen von Utilitarismus und Deontologie
liefern. Vertreter*innen der Ethik der Sensibilität kritisieren
diese Ansätze als einseitig und unvollständig, u. a. weil sie unseren Gefühlen und Einstellungen zu wenig Beachtung schenk-
ten (Donovan/Adams 2007).

Viele utilitaristische und deontologische Ethiken gehen davon aus, dass das moralische Handeln primär darin besteht, allgemeinen Prinzipien zu folgen (Crary 2018). Diesem Bild zufolge
schauen wir als moralische Akteure gleichsam von außen auf
eine gegebene Situation. Unsere Aufgabe besteht darin, die Fak-
ten zu prüfen und dann mithilfe des Verstandes unsere Prinzipien auf die jeweilige Situation anzuwenden. Demnach bemes-
sen wir z. B. zuerst möglichst objektiv das Leid der Tiere in der
Tierhaltung, vergleichen es mit dem Genuss der Menschen beim
Fleischessen und können daraufhin die Tierhaltung verurteilen,
weil sie für eine schlechte Gesamtbilanz von Wohlbefinden sorgt.

Solche Überlegungen liefern uns zwar »externe Orientierung« beim Handeln, so die Kritik, bleiben dabei aber ein Stück
weit abstrakt und distanziert (Gruen 2011, 42). Sie vernachlässi-
gen, dass wir als Menschen immer schon in konkrete Situationen eingebunden sind und die Welt auf eine bestimmte Weise
wahrnehmen, die von Einstellungen und Gefühlen geprägt ist –
und dass dies auch für das moralische Handeln eine wichtige
Rolle spielt (Diamond 2012). Um z. B. die Tierhaltung überhaupt
als Thema für eine moralische Reflexion zu erkennen, müssen
wir zu allererst bereit sein, der Situation der Tiere überhaupt

unsere Aufmerksamkeit zu geben und ihre Realität wirklich an uns heranzulassen.

Wenn wir das allerdings tun, dann erkennen wir oft unmittelbar, dass der übliche Umgang mit den Tieren falsch ist – dazu brauchen wir kein Prinzip zu verwenden und keine Abwägung anzustellen. Entscheidend scheint dabei vielmehr unsere Fähigkeit zu sein, mit den Schweinen, Rindern und Hühnern in den Mastanlagen und Schlachthöfen mitzufühlen. Gefühle wie Mitleid oder Empörung sind zudem wichtig, um uns zum Handeln zu motivieren – die bloße Einsicht, dass ein bestimmtes Verhalten moralisch richtig ist, reicht dafür oft nicht. Die Ethik der Sensibilität bezieht diese Gefühle nun explizit und als relevante Handlungsgründe in die ethische Reflexion mit ein.

Fast alle Menschen empfinden unter bestimmten Bedingungen Mitleid mit Tieren, die unter Krankheiten oder Bewegungseinschränkungen leiden. Viele müssen es unterdrücken, um z.B. in der Lage zu sein, Gewalt gegenüber Tieren auszuüben, wie sie im Rahmen der Nutztierhaltung üblich ist (Aaltola 2018, 207; Luke 2014, 434–438). Wenn wir dagegen Mitgefühl zulassen, nehmen wir dabei die Tiere als fühlende Wesen wahr, deren Wohlbefinden auch für uns direkt von Bedeutung ist. Unser Mitgefühl liefert uns gleichsam »interne Gründe«, die übliche Tierhaltung zu verurteilen.

Die Wichtigkeit von Gefühlen anzuerkennen, bedeutet nicht, dass wir gedankenlos unseren Gefühlen trauen sollten. Sie können uns auch in die Irre führen, vor allem wenn uns Wissen fehlt. Gefühle müssen also auf ihre Angemessenheit hin geprüft werden (Gruen 2014, 399). Umgekehrt passiert es aber auch, dass wir anhand unserer Gefühle die Urteile unseres Verstandes überprüfen. In der Debatte um die Tierhaltung wird genau das bisweilen eingefordert – wenn wir es z.B. für wichtig halten, bestimmte Zustände mit eigenen Augen zu sehen oder zu überlegen, ob wir selbst ein Tier töten könnten, dann steht dahinter aus meiner Sicht die Idee, dass wir uns den Auswirkungen unserer Handlungen direkt aussetzen sollen, um unsere emotionalen Reaktionen darauf zu testen (Kheel 2007, 49).

Das Geschäft der Ethik besteht in dieser Perspektive nicht allein darin, allgemeine Prinzipien zu verteidigen oder anderen argumentativ zu zeigen, wie sie handeln sollten. Stattdessen geht es um eine Reflexion, die »den Einsatz der Gesamtheit unserer Vermögen erfordert« (Diamond 2012, 65). Dazu gehört, dass wir unsere eigenen Gefühle und Einstellungen kritisch überprüfen und miteinander in Beziehung setzen. Einen solchen Reflexionsprozess können wir auch bei anderen anstoßen. Ziel ist es, zu einer Position zu gelangen, die nicht nur im Hinblick auf unsere Überzeugungen konsistent und gut begründet ist, sondern die mit unseren emotionalen Einstellungen und der ›Weise, wie wir die Welt sehen‹ im Einklang ist. Wer sich offen und ehrlich mit der aktuellen Situation beschäftigt und sich auf die Lage der Tiere einlässt, wird kaum umhin kommen, Mitleid zu verspüren und festzustellen, dass es nicht zu den eigenen Einstellungen gegenüber Tieren und den eigenen moralischen Überzeugungen passt, wie mit ihnen in der üblichen Nutztierhaltung umgegangen wird.

Politische Perspektive

Ich möchte die geschilderten drei ethischen Perspektiven noch um eine politische Perspektive ergänzen, weil nur diese die gesellschaftliche und politische Dimension des Problems angemessen in den Blick bekommt. In der Ethik beurteilen wir typischerweise Handlungen einzelner Menschen. Nun lässt sich der aktuell übliche Umgang mit Tieren aber offensichtlich nicht als bloß individuelles Fehlverhalten betrachten, das z. B. einzelne Landwirt*innen oder Konsument*innen zu verantworten hätten. Es handelt sich vielmehr um eine soziale Praxis, die von zahlreichen institutionellen Bedingungen abhängt: Dazu gehören die verschiedenen Gesetze, die einen Großteil der geschilderten Zustände erlauben und damit schützen. Aber auch wirtschaftliche Verhältnisse, Förderungspolitik oder die behördliche Kontroll- und Sanktionierungspraxis (bzw. das Fehlen derselben) tragen dazu bei, dass Tiere so viel Leid erfahren. Obwohl Tiere nicht Teil der politischen Gemeinschaft, also nicht selbst Bürger*innen sind, sind sie doch von politischen Entscheidungen und Institutionen direkt betroffen.

In der politischen Perspektive wird die übliche Tierhaltung

in diesem Sinne explizit als gesellschaftliches Phänomen und als Ergebnis einer institutionellen Ordnung verstanden. Daraus ergeben sich neue Fragen, die die vorhergehende ethische Kritik der Praxis bereits voraussetzen: Wie kann diese innerhalb einer Demokratie überhaupt weiter bestehen, obwohl sie doch von so vielen Menschen abgelehnt wird, mindestens sobald sie sich näher mit der Situation beschäftigen? Wie sind die gesellschaftlichen Rahmenbedingungen selbst zu bewerten, die ein solches Unrecht in einem so großen Ausmaß erlauben und befördern?

Es muss gewisse Faktoren geben, die dazu führen, dass wir unsere ethischen Überzeugungen und Einstellungen in vielen Fällen praktisch gar nicht zum Einsatz bringen. An Entscheidungen über die gesetzlichen Regelungen der Tierhaltung werden z. B. die Bürger*innen nicht beteiligt; oft werden diese nicht im Parlament, sondern nur in Ministerien und Fachbehörden verhandelt, und dort ist kein Mitspracherecht von gesellschaftlichen Vertreter*innen vorgesehen (von Gall 2016). Über die konkreten Haltungsverfahren und Umgangsweisen, die sich über die letzten Jahrzehnte entwickelt haben, wurde nie demokratisch entschieden. Das heißt, es gab z. B. weder Verhandlungen noch Abstimmungen darüber, ob Hühner so hochgezüchtet werden sollten, dass sie in vier Wochen ihr Schlachtgewicht erreichen, oder ob es wünschenswert ist, Schweine auf Spaltenböden zu halten und mit Getreide und Soja zu ernähren. Stattdessen waren wirtschaftliche Triebkräfte und die Entscheidungen führender Konzerne dafür verantwortlich, was sich als Standard durchsetzte. Staatliche Verordnungen wurden typischerweise erst im Nachhinein zur Regelung einer bereits bestehenden Praxis erlassen und änderten diese höchstens minimal (ebd., 262).

Das hatte zur Folge, dass heute zahlreiche Umgangsweisen mit Tieren erlaubt sind, die nicht nur weit verbreiteten Überzeugungen, sondern auch den Grundprinzipien des Tierschutzgesetzes widersprechen (Maisack 2012). Man kann aus diesen Gründen im Hinblick auf die Nutztierhaltung nicht nur einen ethischen Skandal, sondern auch ein Demokratieversagen feststellen. Dass das selten so betrachtet wird, liegt aus meiner Sicht daran, dass viele die Verantwortung für die Produktionsverhältnisse fälschlicherweise allein bei den Konsument*innen sehen – obwohl diese auf wichtige Rahmenbedingungen gar keinen Einfluss nehmen können.

Es gibt weitere Faktoren, die zur Aufrechterhaltung des Status Quo beitragen, aber gleichsam noch früher greifen, nämlich auf ideologischer Ebene. Noch immer nehmen z. B. viele Menschen die Nutztierhaltung gar nicht erst als ein Feld wahr, das wichtige ethische Fragen aufwirft und bei dem es dringenden politischen Regelungsbedarf gibt. Ein Grund dafür könnte sein, dass die tatsächliche Brutalität der Tierhaltung von Seiten der Branche, aber auch von Seiten des Staates immer wieder verschleiert und verharmlost wird (AR; Schmitz 2018). Viele Aspekte der Realität wurden erst durch Tierschutz- und Tierrechtsorganisationen aufgedeckt und bekannt gemacht, die natürlich immer unter Verdacht stehen, selbst nur interessengeleitet zu agieren. Kritik an der Praxis und offen gezeigtes Mitgefühl mit den Tieren gilt außerdem im öffentlichen Diskurs oft als unsachlich und sentimental (von Gall 2016, 256). All das kann dazu beitragen, dass wir das Unrecht gegenüber Tieren entweder gar nicht erkennen oder aber als weniger bedeutsam einschätzen.

Hinzu kommen, auf noch tieferer Ebene, kulturelle und sozialpsychologische Faktoren: Die meisten von uns wachsen in einem Umfeld auf, in dem es nicht hinterfragt wird, dass wir Tiere einsperren, unserem Willen unterwerfen, töten und ihre Produkte nutzen. Fleisch, Milch und Eier sind alltägliche Lebensmittel und zugleich zentraler Teil kultureller Traditionen – denken Sie nur an die Weihnachtsgans oder die Ostereier. Von Kind auf lernen wir, dass Schweine, Rinder und Hühner »Nutztiere« sind, für die es normal und natürlich ist, dass sie für ihre Körperprodukte gehalten und getötet werden (Joy 2013). Eine Abwertung von Tieren findet schon in der Sprache statt, wenn wir z. B. Worte wie »Schwein« oder »Kuh« als Schimpfworte verwenden. So kommt es, dass es schon einen gewissen Aufwand bedeutet, für das Leid der Tiere überhaupt sensibilisiert zu werden und es als Handlungsgrund ernst zu nehmen.

Im Hinblick auf die ideologischen und kulturellen Faktoren bestehen deutliche Analogien mit anderen gesellschaftlichen

Unterdrückungsverhältnissen. Sexismus und Rassismus sind strukturelle Ungerechtigkeiten, die zugleich mit problematischen Ideologien einhergehen – z. B. mit bestimmten Vorstellungen davon, was die natürliche Rolle von Frauen oder Nicht-Weißen in der Gesellschaft sei. Häufig sind die Formen der Abwertung sogar ähnlich, insofern Frauen und Nicht-Weiße als naturnäher und tierischer betrachtet werden (Mütherich 2014). In diesem Sinne könnte die Ausbeutung der Tiere sogar eine Art Legitimationsbasis für ungerechte Verhältnisse unter Menschen liefern (Ko/Ko 2017). Insgesamt gesehen erscheint es also sinnvoll, die Praxis der Nutztierhaltung nicht gleichsam isoliert als ein ethisches Problem zu sehen. Vielmehr gibt uns die Auseinandersetzung mit dem Thema Anlass, über politische und gesellschaftliche Verhältnisse allgemein kritisch zu reflektieren – und entsprechend zu handeln.

1.6 Konsequenzen für das Handeln

Wenn mindestens 99 Prozent der verfügbaren Tierprodukte auf Weisen erzeugt wurden, die unseren moralischen Überzeugungen widersprechen, heißt das, dass wir die entsprechenden Produkte nicht kaufen dürfen? Das scheint zunächst eine sehr naheliegende Konsequenz zu sein. Allerdings haben in den letzten Jahren einige Autor*innen in der tierethischen Debatte dem widersprochen. In diesem Abschnitt werde ich ihre Argumente betrachten und zurückweisen. Außerdem werde ich erklären, warum es wichtig ist, dass wir in Anbetracht der geschilderten Realität nicht nur unser Kauf- und Ernährungsverhalten verändern, sondern darüber hinaus im Rahmen unserer Möglichkeiten die politischen Bestrebungen für eine grundlegende Agrar- und Ernährungswende unterstützen.

Das wichtigste Argument gegen eine Veränderung des individuellen Konsums lautet: Ob ich Fleisch kaufe oder nicht, macht für die weitere Produktion gar keinen Unterschied. Ich würde also den Tieren durch Boykott sowieso nicht helfen, deshalb kann ich auch weiter konsumieren. Das Argument bezieht sich also auf die realen Folgen meiner Handlung und zweifelt die kausale Wirksamkeit des individuellen Verzichts an (DeGrazia 2009, 158; Chignell 2015).

Es gibt mehrere Entgegnungen auf diese Überlegung. Erstens ist es keineswegs klar, dass individuelle Kaufentscheidungen generell keinen Effekt haben. Es stimmt zwar, dass das für die allermeisten einzelnen Kaufentscheidungen gilt – denn in den meisten Fällen macht es z. B. keinen Unterschied, ob ich im Supermarkt ein tiefgefrorenes Huhn kaufe oder nicht, denn an den Mengen, die der Supermarkt vom Schlachthof bestellt, ändert sich nichts. Allerdings gibt es bestimmte Schwellen, an denen der Supermarkt seine Bestellmenge ändert – wenn z. B. mehrere Tage hintereinander weniger als hundert Hühner verkauft wurden, wird er nur noch hundert statt 150 bestellen. Wenn ich an einem Tag kein Huhn kaufe, könnte ich dafür sorgen, dass die verkaufte Menge bei 99 stehenbleibt – und damit tatsächlich eine große Wirkung haben. Der Punkt ist also, dass ich nie weiß, ob mein heutiger Einkauf einen solchen Unterschied macht oder nicht. Die meisten Einkäufe sind wirkungslos, einige wenige aber haben eine große Wirkung – insgesamt kann man die Änderungswirkung also auf alle Einkäufe umrechnen. Dieses Argument wird unter dem Namen »Schwellenhuhn« *(threshold chicken)* diskutiert (Chignell 2015).

Ein Problem mit dem Argument ist, dass es vorauszusetzen scheint, dass die Produktionsmenge von Hühnern sich genau nach der Nachfrage richtet. So eine Voraussetzung ist allerdings nicht gegeben, da viele andere Faktoren die Produktionsseite beeinflussen. Zugleich ist aber auch klar, dass die Nachfrage einer dieser Faktoren ist, und das reicht um zu zeigen, dass auch der individuelle Konsum eine gewisse Wirkung haben muss.

Die zweite, aus meiner Sicht stärkere Entgegnung besteht in dem Verweis darauf, dass unser Kaufverhalten auch auf andere Weise wirksam sein kann, als nur indem es direkt die Nachfrage nach einem Produkt verringert. Wenn wir das gefrorene Huhn kaufen, bestätigen wir gegenüber allen Menschen, die das beobachten, dass es in Ordnung ist, dies zu tun. Das trägt mit dazu bei, diese Praxis aufrechtzuerhalten. Wenn wir umgekehrt die Produkte aus der üblichen Tierhaltung nicht kaufen und dabei am besten erklären, warum wir das nicht tun, zeigen wir damit offen, dass wir den Produktionsbedingungen die Zustimmung verweigern. Damit stoßen wir oft auch bei anderen Menschen Nachdenken und Diskussionen an, und diese sind entscheidend dafür, dass sich insgesamt etwas ändert. Auch bei diesen symbolischen Wirkungen gilt natürlich, dass es viele Situationen geben wird, in denen unser Handeln keinen feststellbaren Unterschied macht. Aber in manchen Fällen wird unser Verhalten entscheidend sein – und wir wissen vorher nicht, wann das der Fall ist.

Diese beiden Entgegnungen kritisieren die obige Überlegung im Hinblick auf die realen Folgen der Handlung. Allerdings sind nur in einer konsequentialistischen Moraltheorie allein die Folgen einer Handlung entscheidend. Wenn wir die Problematik aus Sicht der anderen Perspektiven beleuchten, verliert der Einwand weiter an Plausibilität. Aus einer deontologischen Sicht können wir davon ausgehen, dass ein Prinzip der folgenden Art weite Zustimmung erfahren würde: Wir sollten uns nach Möglichkeit bemühen, Institutionen nicht zu unterstützen oder mit ihnen zusammenzuarbeiten, die großes Leid ohne gewichtigen Grund verursachen – denn dadurch werden wir zu Komplizen und Mittäter*innen des Unrechts, auch wenn unser Tun für die Praxis keinen Unterschied macht (McPherson 2015; Martin 2015). Insofern wir in der Lage sind, uns mit vertretbarem Aufwand gesund anders zu ernähren, sollten wir das also tun.

Wie stellt sich die Situation aus der Perspektive einer Ethik der Sensibilität dar? Wenn wir die Realität der üblichen Tierhaltung an uns heranlassen und uns auch emotional damit auseinandersetzen, was diese für die Tiere bedeutet, empfinden wir Mitgefühl, oft auch Empörung und Wut. Diese Gefühle können sich ziemlich unmittelbar auf die entsprechenden Produkte zu übertragen. Wer eine Praxis als falsch beurteilt und dabei emotional stark involviert ist, der will typischerweise diese Praxis nicht mehr unterstützen, nicht davon profitieren, das eigene Leben so weit wie möglich frei davon halten. Die Entscheidung, Tierprodukte zu vermeiden, ist in diesem Sinne ein wichtiger Schritt, um die eigenen Überzeugungen, Gefühle und Handlungen miteinander in Einklang zu bringen (Joy 2013).

In allen drei ethischen Perspektiven können wir also davon

ausgehen, dass mit der Ablehnung der Praxis ein Boykott der Produkte einhergehen sollte.

An dieser Stelle ergibt sich allerdings ein weiterer Einwand. So gut wie alle Produkte, die wir in Supermärkten, Kantinen oder Restaurants kaufen können, schädigen in der einen oder anderen Weise Menschen, Tiere, Umwelt oder Klima oder alle zugleich. Die fatalen ökologischen Folgen der industriellen Landwirtschaft habe ich oben schon erwähnt. Menschenrechtsverletzungen passieren nicht nur in der Tierindustrie, sondern auch bei der Produktion von Obst und Gemüse, für die z. B. in Südeuropa Erntehelfer*innen mit prekärem Aufenthaltsstatus massiv ausgebeutet werden (Lünenschloß/Zimmermann 2019). Denselben Überlegungen zufolge dürften wir also praktisch gar nichts mehr kaufen, sondern müssten uns z. B. als Selbstversorger*innen oder aus überschüssigen Lebensmitteln, aus Supermarkt-Tonnen oder vom Foodsharing ernähren. Während dies wünschens- und lobenswert ist, scheint es wiederum als allgemeine Forderung zu stark zu sein.

Ich denke, in Reaktion auf diese Überlegung ist zunächst wichtig anzuerkennen, dass es hier tatsächlich keine einfache Einteilung in Richtig und Falsch gibt, sondern alle Produkte hinsichtlich ihrer Herstellungsbedingungen auf einem Kontinuum liegen. Die allerwenigsten finden wir dabei moralisch gesehen im grünen Bereich. Aus der Tatsache, dass es beim eigenen Konsum schwer bis unmöglich ist, den schädlichen Institutionen konsequent die Unterstützung zu verweigern, folgt aber offensichtlich nicht, dass wir beliebig handeln dürften.

Der Verzicht auf Produkte der Tierindustrie ist in mehreren Hinsichten ein besonders wirksamer Schritt, weil die Tierindustrie besonders viel Schaden anrichtet bzw. andere Schäden multipliziert. Ich denke aber in der Tat, dass wir uns ebenso nach Möglichkeit bemühen sollten, nur ökologisch und fair produzierte Produkte zu kaufen, und dass das auch für viel mehr Menschen machbar ist, als es heute praktizieren.

Davon abgesehen zeigt diese Überlegung einmal mehr, dass das heutige Agrar- und Ernährungssystem insgesamt dringend reform- oder sogar revolutionsbedürftig ist. In der politischen Perspektive lassen sich die übliche Tierhaltung ebenso wie das gesamte Agrar- und Ernährungssystem als soziale Praktiken verstehen, die von gesellschaftlichen Institutionen und Machtverhältnissen bedingt und befördert werden. Um grundlegende Änderungen herbeizuführen, sind individuelle Konsumveränderungen nicht ausreichend. Es braucht politische Schritte. Für diese können wir uns ebenfalls einsetzen – wenn auch nicht als Konsument*innen, so aber als politische Akteure und als Bürger*innen des Staates, der die jeweiligen Gesetze verantwortet und die Machtverhältnisse aufrechterhält.

Aus meiner Sicht ergibt sich aus allen drei ethischen Perspektiven, dass sich unsere Verantwortung nicht auf den eigenen Konsum beschränkt. Wir sollten darüber hinaus, so denke ich, im Rahmen unserer Möglichkeiten auch für eine Änderung der Politik und der gesellschaftlichen Verhältnisse eintreten, die aktuell in so eklatanter Weise Tiere und Menschen schädigen. Utilitaristisch gesehen sollten wir nicht nur vermeiden, selbst zu einer leidvollen Praxis beizutragen, sondern wir sollten auch insgesamt Leid verringern und verhindern helfen. Indem wir z. B. Organisationen unterstützen, die sich für politische Änderungen einsetzen, können wir in dieser Hinsicht sogar deutlich mehr bewirken als durch unser eigenes Einkaufsverhalten (MacAskill 2016, 171). Deontologisch gesehen lässt sich argumentieren, dass wir als Teil der Gesellschaft womöglich durch Passivität ein Unrecht unterstützen, das erst vom ›Schweigen der Mehrheit‹ ermöglicht wird. Das spricht dafür, der aktuellen Agrarpolitik nicht nur unsere Zustimmung als Konsument*innen, sondern auch als Bürger*innen zu entziehen und uns gegen sie einzusetzen. Und wenn wir unser Mitgefühl mit Tieren und unsere Empörung ernst nehmen, dann scheint es auch nicht ausreichend, sie nicht mehr zu essen – wir werden ihre Situation aktiv verändern wollen. Widerspruch und Protest beginnen dabei schon in dem Moment, in dem wir diese Gefühle zulassen und öffentlich ausdrücken.

Für politische Veränderungen können wir uns einsetzen, indem wir uns den sozialen Bewegungen anschließen, die eine grundlegende Agrarwende fordern. Das bedeutet, dass wir im Rahmen unserer Möglichkeiten politisch aktiv werden. Die konkreten Tätigkeiten sind vielfältig und reichen von der Teilnahme an Demonstrationen über Bildungsarbeit und Lobbyismus bis hin zu Aktionen zivilen Ungehorsams (Schmitz 2019). Sich zu engagieren erscheint vielen Aktivist*innen dabei nicht als lästige Pflicht, sondern als erfüllende Gelegenheit, die eigenen Überzeugungen zu vertreten und statt Ohnmacht neue Handlungskraft zu erleben.

Ich schreibe »im Rahmen unserer Möglichkeiten« weil politischer Aktivismus – im Gegensatz zu Konsumänderungen – dauerhaft Zeit kostet und jede*r von uns davon nur begrenzt viel zur Verfügung hat. Die Nutztierhaltung ist offensichtlich leider nur eine von zahlreichen Ungerechtigkeiten, die aktuell auf der Welt stattfinden. Mit ähnlichen Überlegungen ließe sich dafür argumentieren, dass wir uns z. B. gegen das EU-Grenzregime und Rassismus oder für eine andere Energie- und Klimapolitik engagieren sollten. Es ist klar, dass wir daher abwägen und auswählen müssen und auch nach persönlichen Fähigkeiten und Präferenzen handeln werden.

Das Fazit dieses Kapitels lautet: Um im Einklang mit Überzeugungen zu handeln, die Sie aller Wahrscheinlichkeit nach schon teilen, sollten Sie praktisch vegan leben – d. h. Sie sollten mindestens alle diejenigen Tierprodukte boykottieren, die Ihnen in Supermärkten, Kantinen und Restaurants, aber auch in Biomärkten und Hofläden angeboten werden. Außerdem spricht viel dafür, sich darüber hinaus den sozialen Bewegungen anzuschließen, die für eine grundlegende Agrar- und Ernährungswende eintreten.

2

Töten von Tieren und Tierbefreiung

Es gibt kein Fleisch von glücklichen Tieren.
Bloß von toten.

— Karen Duve 2011, 315

2.1 Fragestellung und Überblick

Die bisherige Argumentation hat offengelassen, ob eine alternative Erzeugung von Fleisch unter bestimmten Bedingungen vertretbar sein kann – nämlich dann, wenn die Tiere zu Lebzeiten
kein großes Leid und keine bedeutenden Einschränkungen erfahren bis auf jene, die zu jedem Leben unvermeidbar dazugehören. Zwar ist es schwer, in der Realität solche Bedingungen
überhaupt zu finden (wie ich noch darstellen werde), die theore-
tische Frage ist aber dennoch interessant. Die Idee vom »Fleisch
von glücklichen Tieren« spielt zudem in vielen Diskussionen
um das Tiere-Essen eine wichtige Rolle.

Der ethische Knackpunkt ist hierbei offensichtlich das Töten:
Um Fleisch zu gewinnen, müssen Tiere getötet werden. Auch die
kommerzielle Erzeugung von Milch und Eiern ist praktisch un-
trennbar damit verbunden, dass Tiere getötet werden – das gilt
für die männlichen Brüder der »Legehennen« und die männlichen Kälber der »Milchkühe« ebenso wie für die Hennen und
Kühe selbst, sobald ihre Produktivität nachlässt. In diesem Kapitel werde ich argumentieren, dass es sich für uns als Gesellschaft
ethisch nicht rechtfertigen lässt, Tiere zu töten, um sie zu essen.

J.B. Metzler © Springer-Verlag GmbH Deutschland, ein Teil von Springer Nature, 2020
F. Schmitz, *Tiere essen – dürfen wir das?*, https://doi.org/10.1007/978-3-476-05656-6_2

Im ersten Kapitel habe ich das Töten von Tieren nicht als Schädigung einbezogen. Ein Grund dafür ist, dass es diesbezüglich keinen moralischen Konsens zu geben scheint: Viele Menschen finden es legitim, dass Tiere für Fleisch getötet werden, auch wenn sie wissen, dass dafür keine Notwendigkeit vorliegt. Die Frage, ob und aus welchen Gründen man Tiere töten darf, ist auch in der philosophischen Tierethik deutlich umstrittener als die Frage, ob und aus welchen Gründen man ihnen Leid zufügen darf.

Woher kommt dieser Unterschied? Zunächst könnte man ja denken, dass ein Tier zu töten doch bedeuten müsste, dem Tier einen großen Schaden zuzufügen, wenn nicht sogar den größtmöglichen Schaden. In diesem Fall aber könnte es dem angenommenen moralischen Konsens zufolge nicht legitim sein, ein Tier zu töten, nur um es zu essen, sofern wir uns auch anders ernähren können. Warum könnte man nun denken, dass es dennoch gerechtfertigt sei?

Für viele Menschen spielt sicher die Idee der Natürlichkeit des Fleischessens eine große Rolle. Sie sind vielleicht geneigt zu sagen, dass es für die Tiere kein Schaden ist, für unser Essen zu sterben, da dies einfach der natürliche Lauf der Dinge sei. Ich habe allerdings bereits in der Einleitung erklärt, dass Natürlichkeitsargumente nicht überzeugend sind. Was natürlicherweise geschieht, ist nicht automatisch gut. Darüber hinaus ist es nicht der natürliche Lauf der Dinge, der Tiere für unser Essen tötet – wir Menschen sind es, und wir könnten uns auch anders entscheiden.

Im Hinblick auf eine möglichst leidfreie Nutztierhaltung kommt häufig allerdings eine spezielle Variante der Natürlichkeitsidee ins Spiel: Die Vorstellung, dass es eine Art impliziten Vertrag zwischen Menschen und Tieren gäbe, zu dem z. B. gehört, dass die Menschen die Tiere gut versorgen und gleichsam im Gegenzug irgendwann töten und essen dürfen. Dieser Idee zufolge würden die Tiere quasi ihrer Nutzung selbst zustimmen, wenn man sie fragen könnte. Aber Tiere können keine Verträge eingehen und es ist mindestens zweifelhaft, warum ein Tier seiner eigenen Tötung zustimmen sollte (Sezgin 2014, 160–172). Auch diese Begründung ist also nicht überzeugend.

In der Tierethik ebenso wie in der gesellschaftlichen Debatte werden einige weitere Argumente zum Töten von Tieren vorgebracht, die ich in diesem Kapitel untersuchen werde. Zuerst erkläre ich in Abschnitt 2.2, unter welchen Umständen man überhaupt von einem guten Leben und einer leidfreien Tötung sprechen könnte. Im Abschnitt 2.3 werde ich dann die Fragestellung aus den drei ethischen Perspektiven untersuchen, die ich im ersten Kapitel eingeführt habe. Im Rahmen einer politischen Perspektive werde ich zuletzt kritisch beleuchten, welche Rolle die Idee vom »Fleisch von glücklichen Tieren« in der gesellschaftlichen Debatte spielt.

Im Abschnitt 2.4 gehe ich auf eine spezielle Strategie zur Verteidigung des Tötens ein. Im Rahmen dieser Strategie wird angenommen, dass es für bestimmte Formen der Tierhaltung und Fleischproduktion doch andere und bessere Gründe gäbe als nur Geschmack, Gewohnheit oder Kultur. Es sei z. B. ökologisch sinnvoll zu jagen oder die Haltung und Tötung von Weidetieren würde insgesamt weniger Tiere töten als die pflanzliche Nahrungsmittelerzeugung.

Im Abschnitt 2.5 untersuche ich schließlich die Frage, welche moralische Berücksichtigung wir Insekten schulden. Das ist erstens relevant für die vorhergehende Argumentation, weil bestimmte Abwägungen zu anderen Ergebnissen führen können, je nachdem, welche Bedeutung man diesen Tieren einräumt. Zweitens sind Insekten auch Tiere, die man essen kann – sie gelten als umweltfreundliche Alternative zu herkömmlichem Fleisch. In dem Abschnitt werde ich argumentieren, dass tierethische und ökologische Gründe dagegen sprechen, Insekten im großen Stil zum Verzehr zu züchten.

Zuletzt erläutere ich im Abschnitt 2.6 wiederum die Konsequenzen für unser Handeln.

2.2 Ausnahmebedingungen

Für die Argumentation soll angenommen werden, dass den Tieren bis auf den Tod keine großen Leiden und Schäden zugefügt werden und sie die Chance haben, ein erfülltes und gutes Leben zu führen. Tatsächlich ist es schon schwer, für dieses Modell, das in theoretischen Diskussionen so beliebt ist, ein reales Beispiel zu finden. Am nächsten kommt ihm wahrscheinlich eine bestimmte Form der extensiven Rinderhaltung: Dabei leben Herden von Kühen oft mit einem Leitbullen ganzjährig auf Weiden zusammen und die Jungbullen werden für Fleisch getötet. Dabei handelt es sich nicht um Produkte, die z. b. im Handel als »Weidefleisch« ausgewiesen sind – diese Benennung ist rechtlich nicht geschützt und oft irreführend (VZ3). Gemeint ist auch nicht die normale »Weide-Mutterkuhhaltung« von Fleischrindern: Dabei werden die Kälber typischerweise im Alter von einigen Monaten an Mastbetriebe verkauft oder im Betrieb selbst von der Herde getrennt – Kälber und Kühe rufen nacheinander und essen und ruhen weniger als sonst, leiden also offensichtlich unter der Trennung (LL; Winckler 2009, 83). Ohne stabile Zäune brechen die Kühe auch aus den Gehegen aus, wohl auf der Suche nach ihren Kälbern (LN). Ich denke also an eine Haltung, bei der die Tiere stattdessen bis zum Tod in der Herde bleiben. Allerdings wird natürlich auch dann bei den Müttern und anderen Herdenmitgliedern der Verlust erlebt.

Transportiert man die Tiere zum Töten zum Schlachthof, bedeutet das allein durch die Trennung von der Herde Stress und Angst. Leidzufügung und Betäubungsprobleme kommen am Schlachthof oft noch hinzu. In einigen wenigen Betrieben wird aus diesen Gründen seit einigen Jahren eine Tötung auf der Weide praktiziert. Die Anzahl der Betriebe wurde 2016 deutschlandweit auf 150 bis 300 geschätzt – zum Vergleich: insgesamt gibt es 163 000 Betriebe mit Rinderhaltung und mindestens zehn Prozent davon, also 16 000, sind biozertifiziert (ÖS, BMEL, BÖL). Ein solcher »Weideschuss« kann, wenn richtig durchgeführt, für einen sofortigen Tod ohne Schmerzen sorgen. Beobachter*innen sagen, dass die umstehenden Rinder gelassen auf das Geschehen reagieren.

Als weiteres Beispiel für eine möglichst leidfreie Tierhaltung wird oft eine extensive Schweinehaltung genannt, bei der die Schweine Zugang zu großen Geländebereichen mit Wühl- und Suhlmöglichkeiten haben – eine absolute Ausnahme auch im Biobereich. Die Trennung von der Muttersau findet dort bereits nach einigen Wochen statt. Häufig wird eine Gruppe gleichaltriger Tiere zusammen gehalten, was nicht einer artgemäßen Gruppenstruktur entspricht, aber bedeutet, dass alle Tiere einer sozialen Gruppe zum gleichen Zeitpunkt getötet werden können. Das passiert bei Schweinen in einem Schlachthof oder einer Metzgerei, involviert also auch einen Transport.

Neben bestimmten Formen der Nutztierhaltung wird auch die Jagd als Möglichkeit angeführt, Tiere schmerzfrei zu töten, die zuvor ein gutes Leben hatten. Bei der real praktizierten Jagd kann, wie schon erwähnt, allerdings keine Rede davon sein, dass Leid vermieden würde. Bei der Treibjagd auf Wildschweine z. B. wird die Trefferquote nur auf 30 Prozent geschätzt (Rosenberger 2019, 275). Bei Rehen, Hirschen und Wildschweinen ist der Schuss in die Brusthöhle der üblichste, auch wenn er keineswegs sofort tötet (Winter 2003, 221). Zwar ist es verboten, Elterntiere zu erschießen, die gerade Nachwuchs großziehen, praktisch kann es aber kaum ausgeschlossen werden – und bedeutet, dass die Jungtiere verhungern (ebd., 229). Um also tatsächlich für einen möglichst leidfreien Tod zu sorgen, müsste all dies verhindert werden. Tiere müssten in Ruhe aus einigermaßen kurzer Distanz von bestmöglich geschulten Schütz*innen zielgenau erschossen werden (Rosenberger 2019). Manche Jäger*innen räumen selbst ein: »Jagd ohne Tierschmerz ist in der Praxis undenkbar« (Bode/Emmert 2000, 40). Und selbst wenn der Schuss sofort tötet, bleibt das Leid, das Familien- und Gruppenmitglieder durch den Verlust des geschossenen Tieres erfahren, sowie Stress und Angst, die das Schießen bei den Herden auslöst.

Schon beim Versuch, eine leidfreie Erzeugung von Fleisch zu charakterisieren, ergeben sich also bedeutende Schwierigkeiten. Trotzdem werde ich im Folgenden für die Zwecke der Argumentation annehmen, dass diese überwunden werden könnten. Ich bitte Sie aber zugleich immer daran zu denken, dass wir uns in einer höchst theoretischen Diskussion befinden, die mit der Realität sehr wenig zu tun hat.

2.3 Vier theoretische Perspektiven

Eine zentrale Herausforderung für alle, die das Töten von Tieren verteidigen möchten, besteht in Folgendem: Sie müssen erklären, warum es legitim sein sollte, mit Tieren etwas zu machen, das wir in Bezug auf Menschen nicht nur falsch, sondern geradezu monströs finden. Wir töten keine Menschen, um sie zu essen. Wieso sollten wir das mit Rindern, Schweinen oder Rehen tun dürfen? Die bloße Tatsache, dass diese einer anderen Spezies angehören als wir selbst, reicht als Begründung nicht aus – denn dann würden wir eine Gruppe bevorzugen, einfach weil sie unsere eigene Gruppe ist. Das wäre also bloßer Eigennutz und damit ethisch nicht haltbar. Eine bessere Begründung muss auf reale Unterschiede zwischen Menschen und Tieren verweisen, die eine solche Ungleichbehandlung rechtfertigen. Wie sich zeigen wird, sind diese aber nicht leicht zu finden.

Utilitaristische Perspektive

Im Utilitarismus geht es um die Gesamtbilanz von Nutzen und Schaden. Die erste Frage ist also: Inwiefern kann der Tod von irgendeinem Wesen überhaupt ein Schaden sein? Das ist deshalb nicht offensichtlich, weil zumindest im klassischen Utilitarismus mit Nutzen und Schaden Glück und Leid gemeint sind. Wer tot ist, leidet aber nicht, daher ist zunächst unklar, warum es schlecht sein sollte, jemanden zu töten.

Eine Antwort darauf liefert der Präferenzutilitarismus (Singer 2013). Demnach sollen wir nicht Glück und Leid bilanzieren, sondern Erfüllung und Frustration von Präferenzen bzw. Interessen. Ein Wesen zu töten ist insofern schlecht, als wir damit die Erfüllung von Interessen verhindern. Um welche Interessen geht es? Es müssen Interessen sein, die sich auf die Zukunft beziehen: Ich arbeite an diesem Buch und will es fertigstellen – wenn ich heute getötet werde, kann ich das nicht mehr.

Ich habe sicher auch den ganz allgemeinen Wunsch, noch einige Jahre weiter zu leben. Genau hier kann man nun versuchen, einen Unterschied zu Rindern, Schweinen und Rehen zu verorten: Man könnte sagen, dass diese Tiere keine solchen zukunftsgerichteten Interessen haben und es deshalb kein Problem ist, sie zu schlachten oder zu erschießen, sofern es ohne Angst und Leid geschieht.

Dagegen habe ich zwei Einwände. Erstens riecht es nach Vorurteil, Tieren pauschal zukunftsgerichtete Interessen abzusprechen. Es ist zwar plausibel, dass ein Rind nicht darüber nachdenkt, was es im nächsten Sommer unternehmen könnte. Aber trotzdem haben diese Tiere häufig Wünsche und Ziele, die sich zumindest ein Stück weit in die Zukunft richten – allein schon aus einer absichtlichen Bewegung zu einem bestimmten Ort lässt sich das zukunftsgerichtete Interesse ableiten, zu diesem Ort zu gelangen.

Nun könnten Sie sagen, dass derlei Interessen nicht ausreichen, um das Töten zu einem Schaden zu machen, und dass es stattdessen ein bewusstes Interesse am Weiterleben geben muss (Birnbacher 2008). Das scheint mir eigentlich schon in Bezug auf erwachsene Menschen wenig plausibel (Sezgin 2014, 108). Außerdem bekommen wir ein zweites Problem: Nicht alle Menschen können solche Gedanken fassen. Kleinkinder können das sicherlich nicht. Auf sie zu verweisen, ist ein beliebtes Manöver in der Tierethik, das auch das »Argument der nicht-paradigmatischen Fälle«, manchmal auch noch »Grenzfall-Argument« genannt wird: Kleinkinder sind nicht-paradigmatische Menschen, weil ihnen genau die Fähigkeiten fehlen, die als Alleinstellungsmerkmal von Menschen behauptet werden. Wenn der Tod eines Kleinkinds ein Schaden ist, genauso groß oder sogar größer als der Tod eines Erwachsenen, dann kann ein bewusstes Interesse am Weiterleben nicht die entscheidende Eigenschaft sein. Also können wir auf diese Weise auch keinen Unterschied zwischen allen Menschen auf der einen und Tieren auf der anderen Seite fundieren – der erste Vorschlag scheitert.

Es gibt eine andere Möglichkeit, den Tod als Schaden zu erfassen, die nicht auf bewusste Interessen angewiesen ist. Sie geht von folgender Idee aus: Mein Tod ist nicht deshalb schlecht, weil er meine bewussten Interessen durchkreuzt. Sondern deshalb, weil mir damit meine ganze Zukunft genommen wird – inklusive aller positiven Erfahrungen, die ich noch machen könnte. Und das würde für das Kleinkind auch gelten, weshalb es auch schlecht ist, dieses zu töten – oder sogar noch schlechter, weil es noch viel mehr Lebenszeit vor sich hat (Višak 2016). Auch als Präferenzutilitaristin könnte man diese Konzeption vertreten, denn wir können anderen Menschen und auch dem Kleinkind ein Interesse daran zuschreiben, in der Zukunft positive Erlebnisse zu haben, auch wenn dieses Interesse ihm selbst nicht bewusst ist (McMahan 1998).

Kann man im Rahmen dieser Konzeption einen Unterschied zwischen Menschen und Tieren begründen? Immerhin haben auch Schweine, Hühner oder Rinder eine Zukunft, die man ihnen durch den Tod wegnimmt. Wir müssten ihnen also genauso Interessen an ihrer eigenen Zukunft zuschreiben, die durch den Tod frustriert werden – gerade den »glücklichen Tieren« nimmt man doch besonders viel weg, indem man sie tötet.

Wer einen Unterschied zwischen Menschen und Tieren begründen will, kann nun argumentieren, dass die Erlebnisse von Menschen und Tieren von unterschiedlicher Qualität sind – Menschen könnten »höhere Freuden« erleben, wenn sie sich zum Beispiel mit Kunst oder Philosophie beschäftigen, und sie würden daher durch den Tod mehr verlieren (Mill 2006, 12– 16; Hills 2005, 133). Hier ist natürlich verdächtig, dass genau das, was Menschen und insbesondere Philosoph*innen für eine wertvolle Beschäftigung halten, als allgemeiner Maßstab gelten soll. Wenn das Schwein beim Suhlen genauso viel Spaß hat wie ich beim Lesen eines Romans, wieso sollte mein Erlebnis *an sich* wertvoller sein? Es mag wertvoller *für mich* sein, aber damit ist für das Argument nichts gewonnen.

Ein weiteres Problem ist, dass derlei Unterschiede auch zwischen Menschen bestehen: Ist der Tod eines Intellektuellen nun schlimmer als der Tod einer Handwerkerin? Außerdem müssten wir auch die Dauer des zukünftigen Lebens und damit die Menge der Erlebnisse mit einbeziehen: Was ist z. B., wenn die Menschen, um die es geht, sehr alt oder sehr krank sind, so dass ihre Zukunft abschätzbar weniger positive Erlebnisse bereit hält als die Zukunft eines jungen Fohlens? Oder sind auch wenige Stunden menschliche Existenz wertvoller als ein ganzes Pferdeleben?

Es scheint makaber, auf diese Weise den Wert von verschiedenen Leben gegeneinander abzuwägen. Und tatsächlich führt uns das in unserer Frage gar nicht weiter. In echten Konkurrenzsituationen mag es unvermeidbar sein, derlei Abstufungen anzustellen, und ist auch unter Menschen Realität. Ich schreibe dies zu einer Zeit, in der Ärzt*innen in Italien in Anbetracht zu vieler schwerer COVID-19-Erkrankungen entscheiden müssen, wer die intensivmedizinische Versorgung bekommt und wer nicht, und dabei das Alter und die Überlebenschancen der Patient*innen als Kriterien heranziehen. Daraus, dass man in solchen Situationen Abstufungen vornimmt, folgt aber offensichtlich nicht, dass manche Menschen außerhalb solcher Situationen einfach getötet werden dürften. (Hier ist natürlich makaber, dass in der Realität noch ganz andere Abstufungen vorgenommen werden, die nicht mit Alter oder Überlebenschancen zu tun haben, sondern mit Herkunft und Staatsangehörigkeit. Das verdient offensichtlich eine eigenständige Untersuchung und vor allem praktische Kritik.)

Das heißt: Auch wenn wir zustimmen, dass die Erlebnisse von Menschen irgendwie wertvoller sind als die von Tieren, und damit auch der Tod von Tieren ein geringerer Schaden wäre als der von Menschen, würde daraus nicht folgen, dass wir Tiere töten dürfen, nur weil wir sie essen wollen. Denn ein Schaden bliebe trotzdem bestehen, und unser Interesse an einem kurzzeitigen Fleischgenuss bliebe, gerade verglichen mit dem ganzen möglichen Restleben der Tiere, von ziemlich geringem Gewicht. Auch dieser Vorschlag scheitert also.

Es gibt noch zwei weitere Argumente aus utilitaristischer Perspektive, die ich näher betrachten möchte. Beide können zugestehen, dass der Tod eines Rinds ein Schaden ist, insofern durch den Tod des Tieres sein zukünftiges Wohlergehen verhindert wird. Nun behaupten beide Argumente aber, dass dieser Verlust durch einen anderen Nutzen aufgewogen werden kann. Das erste Argument besagt: Wenn wir an Stelle des getöteten Tieres ein neues Tier in die Welt bringen und diesem ein gutes

Leben verschaffen, dann können wir damit den Tod des ersten Tieres ausgleichen, weil die Summe des Wohlergehens auf diese Weise gleich bleibt. Die Idee ist also, dass Tiere ersetzbar sind. Das Argument wird entsprechend Ersetzbarkeits-Argument genannt (Višak 2018, 216; Singer 2013, 219).

Das zweite Argument geht davon aus, dass der Tod des Tieres und der damit verbundene Verlust an Wohlbefinden schon durch das Leben desselben Tieres ausgeglichen werden kann – wenn es das Tier sonst nicht gegeben hätte. Das ist eine Überlegung, die auch in praktischen Debatten um die Nutztierhaltung zum Einsatz kommt: Indem wir Tiere züchten und halten, um sie dann zu schlachten, täten wir insgesamt etwas Gutes, weil sie ohne diese Praxis gar nicht erst existiert hätten. Dieses Argument wird unter dem Namen »Logic of the Larder« (Logik der Vorratskammer) diskutiert (Višak 2018, 216). In eine ähnliche Richtung geht folgende Idee, mit der manchmal die Nutztierhaltung gerechtfertigt werden soll: Es ginge den »Nutztieren« besser als ihren wildlebenden Verwandten, die allen Brutalitäten der Natur schutzlos ausgeliefert seien. Auch deshalb würden die Tiere eigentlich von der Nutzung durch uns profitieren.

Offensichtlich könnten sich auf diese Weise nur ganz bestimmte, besonders »gute« Formen der Nutztierhaltung rechtfertigen lassen. Für das Töten von Wildtieren lassen sie sich nicht anführen, denn dabei sorgen wir nicht selbst für die Existenz der Tiere. Was ist nun von diesen beiden Argumenten zu halten?

Ich denke, dass sie schon innerhalb der utilitaristischen Perspektive Probleme erzeugen. Denn wenn wir annehmen, dass allein dadurch, dass wir Wesen in die Welt bringen, ein Nutzen entsteht, müssten wir dann nicht im Sinne der Nutzenmaximierung die Pflicht haben, genau das zu tun, um also die Menge an Wohlbefinden zu erhöhen bzw. die Gesamtbilanz zu verbessern? Müssten wir dann also nicht möglichst viele Tiere züchten – und analog auch möglichst viele Kinder zeugen, unter der einzigen Bedingung, dass diese dann mehr positive als negative Erlebnisse haben werden? Diese Konsequenz scheint wenig attraktiv. Man kann sie nur vermeiden, indem man annimmt, dass die Existenz eines Wesens als solche kein Nutzen sein kann, weil Nutzen und Schaden immer nur relativ zu schon existierenden Wesen bestimmt werden können. Etwas kann nur besser sein, so die Idee, wenn es *für jemanden* besser ist. Eine Welt, in der es Kuh Katja gibt, kann aber nicht *für Katja* besser sein als eine Welt, in der es Katja nicht gibt – denn letztere Welt hat für Katja gar keinen positiven oder negativen Wert. Dann kann aber der Schaden, der durch den Tod von Katja entsteht, weder durch ihr eigenes Leben noch durch die Erzeugung einer neuen Kuh ausgeglichen werden – denn dabei würden Dinge verglichen, die gar nicht sinnvoll vergleichbar sind (Višak 2016).

Genauso ergibt es keinen Sinn zu sagen, dass man einem Schwein etwas Gutes tut, weil sein Leben besser sei als das eines wildlebenden Verwandten. Denn das Schwein selbst hat ja nur sein eigenes Leben (und das Interesse daran, dass dieses weitergeht). Dem Wildschwein wiederum – das in der Natur in der Tat vielen Gefahren und Leiden ausgesetzt ist – wird nicht dadurch geholfen, dass wir ein Hausschwein halten.

Das zweite Problem mit dem Ersetzbarkeits-Argument und der Logik der Vorratskammer ist: Beide Argumente lassen sich so, wie sie jetzt formuliert wurden, auch auf Menschen anwenden. Das würde bedeuten, dass es in Ordnung wäre, Menschen zu töten, sofern wir zugleich dafür sorgten, dass neue Menschen geboren werden – eine entsprechende Praxis von Züchtung und Tötung von Menschen müsste also moralisch legitim sein. Und es müsste ebenfalls vertretbar sein, Menschen zu erzeugen mit dem Ziel, sie später wieder zu töten – solange sie in der Zwischenzeit ein gutes Leben haben. Das sind groteske Überlegungen, bei denen es schon unmoralisch erscheint, sie überhaupt anzustellen. Aber wo ist der Unterschied zwischen Menschen und Tieren, mit dem sich begründen ließe, dass es bei Tieren anders ist?

Die Verteidiger*innen des Tiere-Tötens verweisen hier wiederum auf Interessen am Weiterleben, die Menschen hätten und Tiere nicht. Diese wären dafür verantwortlich, dass Menschen nicht ersetzbar seien, (einige) Tiere dagegen schon. Aber wie ich schon dargestellt habe, kann man damit nicht die gewünschte Grenze ziehen. Denn entweder bezieht man sich dabei auf ganz bewusste Zukunftspläne. Dann fallen Menschen wie Kleinkinder auch durch das Raster – eine Konsequenz, die Singer teilweise in Kauf nimmt, was sie aber nicht akzeptabler macht (Singer 2013, 293). Oder aber man benutzt einen umfassenderen Interessenbegriff. Dem zufolge hat jemand auch dann ein Interesse an der eigenen Zukunft, wenn er oder sie nicht über diese Zukunft nachdenken kann. So ein Interesse müssen wir dann aber sinnvollerweise auch Rindern und Schweinen zuschreiben, denn auch sie haben eine Zukunft zu verlieren.

Und selbst wenn man annimmt, dass das Interesse vieler Tiere am Leben aus dem einen oder anderen Grund geringer ist als das entsprechende Interesse von Menschen, so scheint es doch größer zu sein als unsere vergleichsweise geringfügigen Interessen an einem bestimmten Geschmackserlebnis oder der Aufrechterhaltung einer kulinarischen Tradition. Auf diese Weise können wir also nicht begründen, warum es in Ordnung sein sollte, Tiere – aber nicht Menschen – zu töten, um sie zu essen. Zugleich legen diese Überlegungen auch nahe, dass die utilitaristische Perspektive selbst ihre Grenzen hat. Der ausschließliche Fokus auf die Gesamtbilanz von Schaden und Nutzen scheint den Wert nicht ganz einfangen zu können, den wir uns gegenseitig als Individuen zuschreiben.

Deontologische Perspektive

Deontologische Theorien sind in dieser Hinsicht besser aufgestellt: Sie fokussieren häufig auf Pflichten, die wir gegenüber anderen Menschen als Individuen haben, indem sie diesen moralische Grundrechte zuschreiben. Darunter versteht man typischerweise Ansprüche, die moralisch besonders stark geschützt sind, also die z. B. nicht zugunsten geringerer Interessen oder zugunsten einer besseren Gesamtbilanz von Wohlbefinden verletzt werden dürfen. Einige Autor*innen setzen nun dort an, um zu zeigen, dass Tiere getötet werden dürfen und Menschen nicht: Sie argumentieren dafür, dass nur Menschen ein moralisches Recht auf Leben verdienen. Wie ließe sich das begründen?

Für viele schien und scheint das so selbstverständlich, dass sie es gar nicht als begründungsbedürftig ansehen. Deshalb sprechen die allermeisten Rechte-Theorien einfach gar nicht oder nur am Rande über Tiere. Argumente, die diesen Ausschluss begründen sollen, wurden ausführlich erst als Reaktion auf Theorien vorgebracht, die umgekehrt explizit Rechte für Tiere einfordern. Dieser Prozess ist nicht überraschend – die Geschichte der Menschenrechte ist ähnlich verlaufen. Lange galt es z. B. als selbstverständlich, dass nur Männern Menschenrechte zukommen. Die Forderung, dass auch Frauen Rechte haben sollten, schien manchen noch Ende des 18. Jahrhunderts nicht nur falsch, sondern absurd (Gordon 2005).

Aber nur weil etwas selbstverständlich erscheint, ist es nicht automatisch richtig. Die bloße Tatsache, dass wir Menschen sind, rechtfertigt nicht, nur Menschen Rechte zuzusprechen. Wiederum müssen wir eine Eigenschaft finden, die Menschen und Tiere unterscheidet und die direkt oder indirekt für das Haben von Rechten relevant sein muss. Eine Argumentation dieser Art lautet wie folgt: Nur wir Menschen sind moralische Akteure und können richtig und falsch handeln. Allein auf dieser Grundlage können wir moralische Forderungen stellen und auf sie reagieren. Wir schaffen auf diese Weise eine moralische Gemeinschaft. Der Begriff der Rechte hat nur Sinn innerhalb dieser moralischen Gemeinschaft. Tiere sind aber nicht Mitglied in dieser Gemeinschaft, weil sie nicht selbst moralisch handeln können. Deshalb können sie auch keine Rechte haben (Cohen 2007).

Eine solche Verknüpfung von Rechten und moralischer Handlungsfähigkeit ergibt allerdings nur Sinn, wenn man die moralischen Forderungen, die wir mit dem Rechtsbegriff formulieren, als etwas versteht, das grundlegend auf Gegenseitigkeit beruht – wir achten die Rechte von anderen, weil diese unsere Rechte achten. Warum sollte das aber so sein? Tatsächlich denken wir sehr häufig nicht an Gegenseitigkeit, wenn wir z. B. Respekt vor Menschenrechten in Situationen einfordern, in denen sehr ungleiche Machtverhältnisse vorliegen.

Um zu erklären, inwiefern (manche) moralischen Forderungen auf einer bestimmten Art von Gegenseitigkeit beruhen, kann man sich auf vertragstheoretische Konzeptionen der Moral berufen. Demnach haben (manche) moralischen Forderungen genau dadurch Geltung, dass vernünftige Wesen sich aus vernünftigen Gründen selbst auf sie verpflichten, weil sie im gegenseitigen Interesse aller liegen. Insofern wir also z. B. als vernünftige Wesen selbst nicht getötet werden wollen, halten wir ein allgemeines moralisches Tötungsverbot für richtig. Ohne dieses geteilte Interesse vernünftiger Wesen gäbe es demnach gar keine moralischen Normen.

Das erste Problem mit dieser Argumentation ist, dass es auf der Basis einer so beschriebenen Moral zunächst zu einem Rätsel wird, warum wir Tiere überhaupt für moralisch relevant halten. Kaum jemand möchte heute leugnen, dass wir Tieren gegenüber gewisse Pflichten haben – wie ihnen kein unnötiges Leid zuzufügen. Aber das ist in einer Gegenseitigkeitsmoral gar nicht vorgesehen. Um es zu erklären, müssten wir also eine zweite Quelle von moralischen Normen ausmachen. Und dann fragt sich natürlich, warum sich aus dieser Quelle nicht auch ein Schutz für das Leben der Tiere ergeben könnte, den wir mit einem moralischen Recht oder einem ähnlich starken Prinzip formulieren könnten.

Zweitens zeigt auch das Argument der nicht-paradigmatischen Fälle, dass die Zuschreibung von Rechten nicht an die moralische Handlungsfähigkeit gebunden sein kann: Kleinkinder und Menschen mit bestimmten geistigen Einschränkungen verstehen den Begriff des Rechts nicht, und wir beurteilen ihr Handeln auch nicht im moralischen Sinne als richtig oder falsch. Trotzdem schreiben wir ihnen selbstverständlich Rechte wie das Recht auf Leben zu, das nicht aufgrund bloßer Nutzenerwägungen verletzt werden darf. Wir dürfen sie auch nicht töten, um sie aufzuessen.

Es reicht hier nicht darauf zu verweisen, dass Kleinkinder und geistig eingeschränkte Menschen trotzdem Teil der menschlichen Gemeinschaft sind (Cohen 2007), denn diese Eingliederung ist entweder willkürlich oder kann Tiere mit einschließen. Willkürlich ist sie, wenn die »menschliche Gemeinschaft« genau durch die Spezieszugehörigkeit definiert wäre. Warum sollte aber die Spezies alle Menschen zu einer Gemeinschaft zusammenbinden, egal ob sie sich kennen und egal, ob sie moralisch handlungsfähig sind oder nicht? Wenn es dagegen um

Gemeinschaften von Menschen geht, die tatsächlich zusammenleben, dann würden mindestens auch domestizierte Tiere wie Hunde oder Rinder dazugehören, da sie innerhalb der menschlichen Gemeinschaft leben.

Die Beschränkung von Grundrechten auf Menschen scheint daher nicht gerechtfertigt zu sein. Es gibt verschiedene Theorien, die entsprechend umgekehrt von Menschenrechten ausgehen, um für Tierrechte zu argumentieren. Besonders überzeugend ist aus meiner Sicht eine interessenbasierte Konzeption von Rechten. Demnach hat ein Wesen genau dann Rechte, wenn es Interessen hat, die hinreichend stark sind, um moralischen Akteuren Pflichten aufzuerlegen (Cochrane 2012; Grimm/Wild 2016; Ladwig 2020).

Wenn wir bei Menschen ein bestimmtes Interesse – wie zum Beispiel das Interesse am Weiterleben – mit einem moralischen Recht schützen, dann verdienen Tiere, die vergleichbare Interessen haben, dasselbe Recht. Wie wir gesehen haben, spricht alles dafür, dass Tiere auch starke Interessen am Weiterleben haben – mindestens solche wie Kleinkinder. Denn sie alle haben eine erlebbare Zukunft zu verlieren. Der Tod durchkreuzt nicht nur einzelne, sondern viele und zentrale Interessen, indem er den Träger der Interessen selbst zerstört (Grimm/Wild 2016, 144). Tiere und Kleinkinder müssen dabei ihr Recht weder verstehen noch selbst achten können. Zwar können nur rationale Akteure über Rechte nachdenken und anderen diese zuschreiben. Aber daraus folgt nicht, dass nur rationale Akteure die besonders schutzwürdigen Ansprüche hätten, die wir mit dem Rechtsbegriff kennzeichnen.

Ich möchte an dieser Stelle noch einen Einwand dagegen untersuchen, Tieren wie Schweinen und Rindern ein Recht auf Leben analog zu Menschen zuzuschreiben. Er lautet: Wenn Tiere genauso ein Recht auf Leben hätten wie Menschen, dann müssten wir z. B. einem Zebrafohlen zur Hilfe eilen, das von einer Löwin gerissen zu werden droht – genauso wie wir einem Menschenbaby in dieser Situation zur Hilfe eilen würden. Das sei aber unplausibel und deshalb könnten Tiere kein Recht auf Leben haben (Cohen 2004).

Bei Menschen gehen wir in der Tat davon aus, dass unser

Recht auf Leben nicht nur ein negatives Recht ist: Andere moralische Akteure haben nicht nur die negative Pflicht, mich nicht zu töten, sondern auch die positive Pflicht, mir zu helfen, wenn mein Leben in Gefahr ist. Wenn Tiere – aufgrund analoger Interessen – ein analoges Recht verdienen, dann müssten wir auch das Zebrafohlen retten. Daraus könnte weiterhin folgen, dass wir in großem Stil in die Natur eingreifen müssten, um Tiere vor allen möglichen Gefahren zu schützen, z. B. vor dem Verhungern. Es gibt mehrere Möglichkeiten, auf diesen Einwand zu antworten.

Eine plausible Antwort setzt an der Konzeption von Rechten an und verweist insbesondere auf Bedingungen für die Zuschreibung von Rechten, auf die ich bisher noch nicht eingegangen bin. Es ist nämlich sinnvoll zu sagen, dass ein starkes Interesse nur dann ein Recht fundieren kann, wenn alle moralischen Akteure dieses Recht auch praktisch respektieren können – anders gesagt dürfen Rechte von anderen uns als moralische Akteure nicht überfordern; sie dürfen uns nur Pflichten auferlegen, die uns auch tatsächlich zuzumuten sind (Ladwig 2020, 117).

Gerade die Erfüllung von positiven Pflichten braucht aber »moralische Arbeitsteilung«: Es kann nicht jeder allein dafür verantwortlich sein, alle anderen Menschen aus allen Gefahren wie z. B. vor dem Verhungern zu retten. Stattdessen braucht es institutionelle Lösungen, die eine ausreichende Erzeugung und gerechte Verteilung von Nahrungsmitteln sichern. Insofern wir als Gesellschaft tatsächlich dafür sorgen *können* – auch wenn es im Moment mitnichten gelingt –, haben alle Menschen auch das Recht auf Bereitstellung von Nahrungsmitteln.

Bei wildlebenden Tieren verhält es sich, so das Argument weiter, allerdings anders. Um alle Wildtiere zu schützen, müssten wir nicht nur eine umfassende menschliche Kontrolle über alle Wildtierhabitate einrichten (ebd., 197). Es ist auch ziemlich unklar, wie wir sicher vermeiden könnten, dass wir nicht insgesamt mehr Schaden anrichten als nutzen (Simmons 2009). Denn einem Tier zu helfen, bedeutet oft, anderen zu schaden – denken Sie nur an Fohlen und Löwin. Das wäre also ein Grund, warum wir Wildtieren kein positives Recht auf Hilfe zuschreiben sollten.

Wir könnten aber zugleich sagen, dass wir in konkreten Einzelsituationen durchaus zu helfen verpflichtet sind – z. B. in einem Fall, in dem das Zebrafohlen zu ertrinken droht. Sofern wir helfen können, ohne uns selbst zu gefährden oder anderen zu schaden, sollten wir das tun (Ladwig 2020, 197–198). Und wir könnten ebenfalls sagen, dass die Sache bei domestizierten Tieren anders ist, weil wir diesen gegenüber Versorgung und Hilfe gewährleisten können und daher auch sollten. Das negative Recht auf Leben, das uns u. a. die Pflicht auferlegt, Tiere nicht bloß zum Verzehr zu töten, haben dagegen alle empfindungsfähigen Tiere.

Es ist wichtig an dieser Stelle noch auf Folgendes hinzuweisen: Selbst wenn man entgegen meiner Argumentation daran festhielte, dass Tiere keine Grundrechte verdienen, könnte man damit allein das Töten von Tieren für die Ernährung nicht rechtfertigen. Man müsste – ausgehend vom moralischen Konsens des ersten Kapitels – zusätzlich erklären, warum der Tod für sie kein Schaden sein sollte, oder man müsste gewichtige Gründe für die Zufügung dieses Schadens anführen.

Ethik der Sensibilität

Die Ethik der Sensibilität ist dadurch gekennzeichnet, dass sie unsere Gefühle, Wahrnehmungsweisen und Einstellungen stärker in die ethische Reflexion einbezieht. Ihr zufolge geht es beim ethischen Nachdenken nicht primär darum, die richtigen Prinzipien zu etablieren und dann auf die Welt anzuwenden. Die rationale Auseinandersetzung anhand von Argumenten ist zwar wichtig. Daneben gilt es aber, die eigenen Gefühle zu beachten, die eigenen emotionalen Reaktionen zu testen und die eigene Wahrnehmungsfähigkeit für die Situation anderer zu verbessern (Gruen 2011, 42; Diamond 2012, 66).

Aus Sicht der Ethik der Sensibilität kann die bisherige Argumentation als sehr entfernt von unseren realen Einstellungen und Gefühlen erscheinen. Daraus ergeben sich Zweifel an ihren Schlussfolgerungen. In diesem Abschnitt werde ich diese Zweifel untersuchen. Danach werde ich darstellen, wie man auf der Basis der Ethik der Sensibilität das Töten von Tieren zur Ernährung bewerten kann.

Eine Voraussetzung der bisherigen Argumentation lautet: Für die Frage, wie wir ein Wesen behandeln sollen, ist entscheidend, welche faktischen Eigenschaften das Wesen hat. Also wenn es z. B. falsch ist, ein Kind zu töten, dann muss das an den Eigenschaften des Kindes liegen – z. B. daran, dass das Kind eine wertvolle Zukunft zu veriieren und damit ein Interesse am Weiterleben hat. Nun kann man aber fragen: Sind solche Eigenschaften tatsächlich der Grund für unsere Überzeugung, dass wir keine Kinder – und andere Menschen – töten und verspeisen dürfen? Wenn das nämlich so wäre, dann könnten wir doch eigentlich kein Problem damit haben, Menschen zu essen, die bei einem Unfall gestorben sind – denn die haben keine Interessen mehr und ihre Rechte werden dabei auch nicht verletzt (Diamond 2012, 86). Diese Vorstellung löst aber bei den meisten Leuten Abscheu und Ekel aus.

Wir sehen offenbar Menschen generell, lebendige ebenso wie tote, junge wie alte, nicht als etwas an, das man essen könnte. In dieser Perspektive erscheint es auch seltsam zu sagen, dass wir Kinder deshalb nicht töten sollten, weil wir ihnen damit z. B. zukünftige Erlebnisse vorenthalten. Stattdessen scheint unser Respekt vor dem Leben anderer Menschen in gewisser Weise grundlegender zu sein als alle ethischen Theorien, die sich auf Eigenschaften oder Interessen beziehen (ebd., 93). Bei diesem Respekt handelt es sich nicht um eine rein individuelle Einstellung. Stattdessen gibt es zahlreiche kulturelle Praktiken, die eine solche Wertschätzung menschlichen Lebens ausdrücken, darunter z. B. alle Rituale um Geburt und Bestattung (ebd., 90). Aus diesen Gründen kann es gleichsam lebensfremd wirken, bei der ethischen Reflexion allein auf Eigenschaften und Interessen zu schauen.

Die Schlussfolgerungen aus den obigen Argumenten können in ähnlicher Weise lebensfremd erscheinen: Die bisherigen Überlegungen laufen ja auf eine weitreichende, wenn auch nicht vollständige Gleichstellung von Menschen und Tieren hinaus. In vielen Fällen soll es für uns keine Rolle spielen dürfen, ob wir einen Menschen oder ein Huhn vor uns haben – einzig relevant ist, ob es sich um ein empfindungsfähiges Wesen mit Interesse am Weiterleben handelt. In realen Situationen können wir aber nicht davon abstrahieren, ob es um einen Menschen oder ein Huhn geht. Unsere kulturellen Praktiken ihnen gegenüber sind verschieden, ebenso wie unsere emotionalen Einstellungen. Auch die überzeugteste Tierrechtlerin wird z. B. anders reagieren, wenn sie aus Versehen ein Huhn überfahren hätte, als wenn sie aus Versehen ein Kind überfahren hätte. Es scheint somit unmöglich, die behaupteten Prinzipien im eigenen Leben emotional nachzuvollziehen. Aus dieser Perspektive könnte man sagen, dass die obige Argumentation gegen das Töten von Tieren scheitert: Anstatt zu einer kohärenten Position zu führen, in der unsere Überzeugungen und Gefühle im Einklang sind, endet sie in einem Widerspruch.

Aus meiner Sicht ist diese Kritik allerdings nicht überzeugend. Erstens sind Einstellungen und Gefühle nicht unangreifbar oder unveränderlich. Zur ethischen Reflexion gehört, rationale Gründe für die eigenen Einstellungen zu suchen. Dafür müssen wir die Eigenschaften der Wesen betrachten, um die es geht, auch wenn wir das im Alltag beim moralischen Handeln nicht tun. Auf diese Weise können wir erkennen, dass die wertende Unterscheidung zwischen Menschen und Tieren, die so tief in unsere kulturellen Praktiken eingelassen ist, keine rationale Grundlage hat. Entsprechende Argumente dienen so dem Zweck, Vorurteile zu zertrümmern, Denkbarrieren aus Gewohnheit und Ignoranz abzubauen und versteckte Ungerechtigkeit aufzudecken (Midgley 1998, 66).

Daraus muss zweitens aber nicht folgen, dass wir gleichsam alle unsere Gefühle und Einstellungen vereinheitlichen müssen und unter keinen Umständen Menschen gegenüber Tieren bevorzugen dürfen – gerade in echten Konfliktsituationen könnten unsere unterschiedlichen emotionalen Einstellungen legitimerweise wirksam werden. Das könnte mit dem Fall zu vergleichen sein, in dem wir die eigenen Kinder gegenüber unbekannten Menschen vorziehen – vielleicht ließe sich die Speziesverwandtschaft so ähnlich verstehen (ebd., 104–111). Derlei Unterschiede lassen sich auch im Rahmen utilitaristischer und deontologischer Theorien begründen (Jeske 2019). Sie bedeuten nicht, dass unbekannte Menschen oder Tiere keine Rechte haben oder wir ihre Interessen nicht berücksichtigen müssen.

Es muss also keinen Widerspruch zwischen unseren kulturell fundierten, emotional gefärbten Einstellungen und einem rational etablierten Gleichheitsprinzip geben: Auf der einen Seite müssen wir unsere Einstellungen im Lichte rationaler Argumente hinterfragen und ein Stück weit anpassen. Auf der anderen Seite können wir sie in gewissem Umfang innerhalb differenzierter Theorien zulassen. Die Zweifel, die ich aus Sicht der Ethik der Sensibilität an der bisherigen Argumentation formuliert habe, lassen sich also entkräften.

Die Ethik der Sensibilität stellt nun auch eigene Mittel bereit, um die Frage zu untersuchen, ob wir Tiere töten sollten, um sie zu essen. Statt mit allgemeinen Prinzipien auf Grundlage von faktischen Eigenschaften von Menschen und Tieren zu operieren, können wir unsere Einstellungen gegenüber Tieren auf ihre innere Stimmigkeit untersuchen. In vielen Fällen nehmen wir Tiere bereits als leidensfähige Individuen wahr, mit denen wir mitfühlen können und deren Wohlergehen von Bedeutung ist. Wenn wir das aber tun, so meine These, dann werden wir typischerweise auch ihrem Leben einen eigenen Wert zusprechen, der dem entgegensteht, dass wir sie töten, nur weil wir sie essen wollen (Wolf 1997, 74).

Im Hinblick auf viele Tiere nehmen wir automatisch diese Einstellung ein, z. B. oft bei unseren Haustieren (Diamond 2012, 96). Genau damit arbeiten Tierrechtsorganisationen, wenn sie etwa Plakate aufhängen mit Fotos von Welpen und Ferkeln mit der Frage »Wen streicheln, wen essen?«. Sie greifen dabei nicht auf eine allgemeine Theorie über den moralischen Status von Tieren zurück, sondern auf Einstellungen und Gefühle, die bei den Adressat*innen schon vorhanden sind – allerdings bislang nur gegenüber Hunden, nicht gegenüber Schweinen. Wenige Menschen würden es (hierzulande) in Ordnung finden, gesunde Hunde zu töten, um sie zu essen – auch wenn sie bisher ein gutes Leben hatten.

Natürlich will ich nicht behaupten, dass Haustiere generell gut behandelt oder nicht ausgenutzt würden. Das Gegenteil ist der Fall. Trotzdem scheint es bei Hunden und Katzen für viele Menschen nachvollziehbarer, sie als eigenständige Individuen mit eigenen Bedürfnissen anzusehen. Mit diesen Tieren können wir leichter mitfühlen, weil sie uns vertrauter sind und wir eine bessere Vorstellung davon haben, was für sie ein gutes Leben ausmacht.

Rinder, Schweine und Hühner sind ebenfalls Tiere, mit denen wir mitfühlen können. Aus Sicht der Ethik der Sensibilität besteht ein weiteres Mittel der Diskussion und Reflexion darin, genau solche Einstellungen von Mitgefühl und Wertschätzung außerhalb des gewohnten Bereichs vorzuschlagen und anzuregen bzw. selbst auszuprobieren. Praktisch passiert das z. B. in der Öffentlichkeitsarbeit und bei Veranstaltungen von sogenannten Lebenshöfen. Das sind Orte, wo Rinder, Schweine, Hühner und andere Tiere, die zumeist aus schlechten Verhältnissen gerettet wurden, versorgt werden. Die Menschen, die solche Höfe betreiben, wollen typischerweise den Tieren ein möglichst gutes Leben bieten und zugleich in die Gesellschaft hineinwirken. Dabei geht es ihnen nicht nur darum, Informationen über die Bedürfnisse der Tiere oder die Zustände in der Nutztierhaltung zu vermitteln oder explizit für ethische Positionen zu argumentieren. Stattdessen wollen sie häufig bestimmte Einstellungen gegenüber Rindern, Schweinen, Hühnern und Puten anregen, die schon mit bestimmten Gefühlen und Wertschätzung verbunden sind (EH, LDT). Insbesondere der direkte Kontakt mit Tieren ermöglicht es, Verständnis und Empathie praktisch zu üben (vgl. Aaltola 2015, 215).

Wenn wir Tiere als Individuen kennenlernen und ihr Wohlergehen für uns bedeutsam wird, dann erscheint es uns zunehmend unpassend, diese Wesen – und andere ihrer Art – zugleich als Lieferanten von Produkten und als essbares Material zu sehen. Eine Redakteurin der *WELT* schreibt entsprechend in einem Artikel über das Schwein Esther, das über Internet-Videos bekannt wurde: »Wenn man Esther und ihre Geschichte kennt, dann kann man wirklich kein Schwein mehr essen.« (Erdmann 2017) Tiere, die als Individuen gesehen werden, sind nicht ersetzbar. Und auch das Argument, dass wir Tiere töten dürften, weil sie ohne uns gar nicht erst existiert hätten oder weil ihr Leben insgesamt besser sei als das von Wildtieren, funktioniert im Rahmen der mitfühlenden Einstellung nicht. Denn das Argument setzt eine Gesamtbetrachtung der Praxis voraus, die die

Perspektive der Individuen im Hier und Jetzt, die nicht sterben wollen, ausblenden muss. Je stärker wir aber deren Perspektive anerkennen und emotional nachvollziehen, desto schwerer wird es, ihre Tötung für richtig zu halten.

Aber wie zwingend ist dieser Zusammenhang wirklich? Eine Kritikerin könnte hier einhaken und auf Praktiken verweisen, in denen Mitgefühl und Respekt für Tiere augenscheinlich doch problemlos damit zusammengehen, dass die Tiere getötet werden (vgl. Diamond 2012, 99). Immerhin kennen einige Nutztierhalter*innen, gerade in dem Nischenbereich, um den es in diesem Kapitel geht, ihre Tiere als Individuen und sorgen durchaus mit viel Mitgefühl für ihr Wohl. Das Buch der Rinderhalterin Rosamund Young, aus dem ich im ersten Kapitel zitiert habe, verdeutlicht das. Sie charakterisiert ihre Kühe als »so unterschiedlich wie Menschen« und beschreibt ihre Persönlichkeiten und Beziehungen mit viel Einfühlungsvermögen (Young 2018). Zugleich hält sie die Tiere zur Fleischproduktion.

Aus meiner Sicht zeigt sich allerdings der Widerspruch z. B. darin, dass die Schlachtung in dem betreffenden Buch völlig ausgeblendet wird. Der Abtransport und gewaltsame Tod der Tiere, um die sich Young zuvor so fürsorglich kümmert, kommen einfach nicht vor – genauso wenig geht sie darauf ein, wie die anderen Rinder auf das Verschwinden ihrer Kinder, Brüder oder Herdengenossen reagieren. Danach gefragt, äußert Young die Überzeugung, dass die Fleischproduktion ernährungsphysiologisch wichtig und ökologisch notwendig sei – ihr reicht offenbar die bloße Tatsache, dass Fleisch gut schmeckt, als Rechtfertigung nicht aus. Um ihre Arbeit machen zu können, muss sie teilweise auch ihre Gefühle unterdrücken bzw. ihre mitfühlende Einstellung aussetzen und die Tiere auf »geschäftsmäßige, nüchterne Art« zum Schlachthof schaffen (Barkham 2017).

Psychologische Studien weisen nach, dass die Wahrnehmung von Tieren als »Fleisch« oft damit einhergeht, dass den Tieren geringere geistige Fähigkeiten zugeschrieben werden und ihre Leidensfähigkeit weniger Beachtung findet (Pfeiler 2019; Aaltola 2015, 204). Soziologische Untersuchungen von Diskursen über »Fleisch von glücklichen Tieren« zeigen außerdem, dass darin die Konzepte von Tieren kontinuierlich zwischen Individualisierung und Vergegenständlichung hin- und herschwanken. Beides zugleich – ein Tier als wertvolles Individuum *und* als Fleischlieferant zu sehen – scheint also nicht möglich zu sein (Gutjahr 2013).

Ein Widerspruch zwischen verschiedenen Einstellungen kann theoretisch natürlich in beide Richtungen aufgelöst werden. Jemand könnte die These vertreten: Anstatt mit Rindern, Schweinen und Hühnern stärker mitzufühlen, könnten wir uns genauso dafür entscheiden, alle Tiere als bloße Mittel für unsere Zwecke anzusehen. Statt Mitgefühl könnten wir Ignoranz oder Verachtung kultivieren. Aus Sicht der Ethik der Sensibilität wäre allerdings erstens zweifelhaft, ob wir diese Einstellung tatsächlich real durchhalten könnten – ohne dabei auf fragwürdige Mittel wie Ablenkung oder Verdrängung zurückzugreifen. Zweitens ließen sich gegen solche Einstellungen wiederum rationale Argumente anführen, die im Rahmen einer umfassenden Reflexion natürlich berücksichtigt werden müssen.

Die mitfühlende Einstellung birgt sicher auch Gefahren. Sie kann unterschiedliche Formen annehmen, die je nach Situation mehr oder weniger angemessen sind. So kann man sich vorstellen, dass jemand es aus Mitgefühl nicht fertig bringt, ein stark leidendes Tier einzuschläfern. Trotzdem wäre genau das in der Situation ethisch geboten – und kann ebenfalls aus Mitgefühl geschehen. Das Ziel kann also nicht sein, »sentimental« zu werden, d. h. ein unreflektiertes Mitgefühl zum einzigen Maßstab zu machen. Die Ethik der Sensibilität, so wie ich sie verstehe, geht immer davon aus, dass Vernunft und Gefühl in sinnvoller Weise zusammenwirken.

Politische Perspektive

Die politische Perspektive rückt Institutionen und gesellschaftliche Verhältnisse in den Fokus. Es geht sowohl darum, bestehende Praktiken in ihrem gesellschaftlichen Kontext zu verstehen und zu bewerten, als auch darum, alternative institutionelle Ordnungen zu entwerfen und zu diskutieren. Als reale Praxis ist das Töten von Tieren zum Fleischverzehr sehr oft mit der Zufügung von großem Leid verbunden. Nur in seltenen Ausnahmefällen, wenn überhaupt, werden Tiere nach einem guten Leben leidfrei getötet. Wie bei allen anderen Formen von Nutztierhaltung und Jagd besteht dabei ein klares Herrschafts- und Unterdrückungsverhältnis: Tiere sind in dem einen Fall Eigentum von Menschen, die über sie bestimmen können, und werden zu wirtschaftlichen Zwecken getötet. In dem anderen Fall sind sie rechtlich legitimiert Zielscheibe und Opfer jagdlicher Praxis, ihr Körper wird ebenso zur verkäuflichen Ware. Da eine überzeugende Rechtfertigung für die Abwertung und Unterdrückung fehlt, handelt es sich aus politischer Perspektive um eine Ungerechtigkeit.

Obwohl »Fleisch von glücklichen Tieren« in der Realität kaum existiert, ist die Idee davon gesellschaftlich sehr wirkmächtig. Im Rest dieses Abschnitts möchte ich nun untersuchen, was für eine Rolle diese Idee gesellschaftlich und politisch spielt. Diese Frage ist wichtig, wenn es darum geht, wie der Umgang mit Tieren bzw. das Agrar- und Ernährungssystem insgesamt politisch verändert werden kann. Bisweilen wird eine »Fleischerzeugung ohne Leid« nämlich von Menschen verteidigt, die eigentlich zustimmen, dass auch diese ethisch schwer zu rechtfertigen ist. Sie meinen, dass die Idee aus pragmatisch-strategischen Gründen, z. B. als Vorbild für eine Übergangslösung, trotzdem sinnvoll und nützlich sein könnte (Garner 2013).

Der Grundgedanke ist einfach und wird in der einen oder anderen Form auch in vielen Diskussionen um die Tierhaltung vorgebracht. Er lässt sich so formulieren: »Unabhängig davon, ob wir grundsätzlich Tiere essen dürfen oder nicht, werden die Menschen nicht von heute auf morgen aufhören Fleisch zu essen, auch wenn wir uns das wünschen. Um Änderungen zu erreichen, müssen wir daher anschlussfähige Kompromisse vorschlagen. Es wäre doch schon sehr viel gewonnen, wenn die Tiere für die Fleischproduktion zumindest nicht mehr leiden müssten.«

Natürlich stimme ich zu, dass eine Welt, in der Tiere zwar noch von vielen Menschen gegessen würden, im Zuge der Fleischproduktion aber nicht mehr leiden müssten, immens viel besser wäre als die aktuelle Welt. Ich hege aber erstens große Zweifel daran, dass eine solche Welt real möglich oder realistischer erreichbar ist als eine weitgehend vegane Welt – denn die Landwirtschaft und auch die Ernährungsgewohnheiten müssten sich dafür ebenfalls sehr grundlegend ändern. Es gibt ja Gründe dafür, warum die Tierhaltung heute so aussieht, wie sie aussieht – es ist vor allem wirtschaftlich sinnvoll. Tiere zu nutzen, ohne sie empfindlich einzuschränken, ohne ihnen die Kinder wegzunehmen und ohne bei der Schlachtung Angst und Schmerzen in Kauf zu nehmen, ist einfach nicht praktikabel – schon gar nicht, wenn zugleich große Mengen von Tierprodukten für die ganze Bevölkerung erzeugt werden sollen (Sezgin 2014, 172).

Ich bin außerdem skeptisch, ob die Idee von der »leidfreien Tierhaltung« bzw. vom »Fleisch von glücklichen Tieren« dabei helfen kann, überhaupt positive Veränderungen zu bewirken. Das werde ich im Folgenden erklären, indem ich beleuchte, welche Rolle diese Ideen meiner Einschätzung nach in der aktuellen politischen Debatte spielen. Dabei basieren meine Überlegungen hauptsächlich auf Diskussionserfahrungen von mir und anderen und sind somit ein Stück weit spekulativ – damit aber nicht schlechter fundiert als die Grundlage der geschilderten Gegenposition.

Ziemlich klar ist erstens, dass das Bild vom glücklich lebenden Tier, das quasi nur nebenbei Produkte für unsere Ernährung liefert, eine wichtige Rolle in der Werbung für alle möglichen Tierprodukte und in der Verharmlosung von Tierhaltungspraktiken spielt. Als »Eier von glücklichen Hühnern« gelten bisweilen schon Eier aus konventionellen Bodenhaltungsställen (ZP). Auch der Begriff »artgerecht«, der dasselbe Bild eines guten Tierlebens erzeugen soll, ist nicht rechtlich geschützt und wird häufig nichtssagend und irreführend verwendet (VZ4). Die gesamte Bio-Branche profitiert vom Anschein einer leidfreien Erzeugung von Fleisch, Milch und Eiern – denn viele Menschen wissen nicht darüber Bescheid, welche Realität sich hinter dem Biosiegel verbirgt. Ebenso wird bei der Vermarktung von Wildfleisch verschleiert, wie brutal und grausam viele Aspekte der Jagd sind. Eine unkritische Verwendung der Idee von »guter Tierhaltung« läuft also immer Gefahr, diese Beschönigungen zu bestätigen.

Zweitens verschleiert die Annahme, dass es »Fleisch von glücklichen Tieren« gibt, meines Erachtens wichtige institutionelle Ursachen dessen, warum Tiere im Rahmen der ansonsten üblichen Praktiken leiden – und macht so die Notwendigkeit für grundlegende Änderungen unsichtbar. Zu den relevanten institutionellen Ursachen gehört im Fall der Nutztierhaltung insbesondere die Tatsache, dass Tiere als Eigentumsgüter dazu dienen müssen, einen wirtschaftlichen Gewinn zu erzielen (Francione 2009). Ihre eigenen Bedürfnisse stehen damit zwangsläufig hinter den kommerziellen Zwecken zurück. Das gilt für einen einzelnen Betrieb, der mehr Tiere auf kleinerer Fläche unterbringt, weil es sich finanziell rechnet, ebenso wie für die Entwicklung der Branche insgesamt, in der z. B. Tiere auf bestimmte Leistungen gezüchtet werden, obwohl es ihrer eigenen Gesundheit schadet. Es gilt letztlich auch für die gesellschaftliche und politische Debatte um die Tierhaltung, denn typischerweise werden nur solche gesetzlichen Veränderungen überhaupt ernsthaft diskutiert, die den wirtschaftlichen Erfolg der Tierhaltungsbranche nicht gefährden (Schmitz 2014 a, 28).

Im idyllischen Bild vom Bauernhof, wo nette Menschen glückliche Tiere versorgen, kommen diese Zusammenhänge aber nicht vor. Der Widerspruch zwischen den Eigeninteressen der Tiere und den kommerziellen Interessen ihrer Halter*innen ist unsichtbar. Auch deshalb kann es problemlos möglich erscheinen, die übliche Tierhaltung mit ein paar Reformen so umzugestalten, dass sie insgesamt dieser harmonischen Idee entspricht. Diese Hoffnung ist aber solange naiv, wie nicht an dem Grundsatz gerüttelt wird, dass Tierhaltung sich wirtschaftlich unter Konkurrenzbedingungen lohnen muss.

Drittens denke ich, dass die Idee der »guten Nutztierhaltung« das strukturelle Herrschaftsverhältnis normalisiert, das in jeder Nutztierhaltung gegeben ist. Das Verhältnis erscheint so als legitim: Wenn es prinzipiell in Ordnung ist, Tiere für ihr Fleisch zu töten – obwohl wir uns auch anders ernähren können –, dann müssen Tiere einen deutlich untergeordneten moralischen Status haben. Diese Ansicht wiederum führt dazu, dass auch die normale Tierhaltung als geringerer Skandal erscheint. Wir haben z. B. im Rahmen der utilitaristischen und deontologischen Perspektive gesehen, dass man, um das Töten von Tieren zu rechtfertigen, relevante Unterschiede zwischen Menschen und Tieren behaupten muss. Damit rückt man allerdings automatisch die Tiere gleichsam von uns weg und macht sie zu »Anderen« – was es wiederum erleichtert, ihnen insgesamt weniger Rücksicht zu gewähren, auch wenn das von den Argumenten selbst gar nicht gedeckt ist. Das sogenannte »Othering« fungiert als ideologische Grundlage für Diskriminierungs- und Unterdrückungsverhältnisse auch unter Menschen (Mütherich 2014).

Im Rahmen der Ethik der Sensibilität hat sich außerdem gezeigt, dass eine Sicht auf Tiere als Fleischlieferanten tendenziell die Aufmerksamkeit für ihr Leid verringert. Auf diese Weise könnte die Verfügbarkeit von (vermeintlich) ethisch vertretbarem Biofleisch sogar zur Aufrechterhaltung der normalen Tierhaltung beitragen. Denn dadurch wird scheinbar die Kritik am Fleischkonsum widerlegt und der Status von Tieren als konsumierbare Waren bestätigt. Im Ergebnis erscheint ein »gemäßigter« Fleischkonsum gerechtfertigt – und zwar sogar dann, wenn er dem behaupteten Ideal gar nicht entspricht.

Aus diesen Gründen denke ich: Die These, dass man Tiere für den Verzehr töten darf, sofern sie vorher ein gutes Leben hatten und auch bei der Tötung nicht leiden, ist nicht nur ethisch falsch. Diese These, die in Debatten um den Fleischkonsum und auch in der Tierethik so oft rein theoretisch diskutiert wird, geht zugleich mit Vorstellungen einher, die gesellschaftlich womöglich eine sehr problematische Rolle spielen. Das sollten wir weder bei der philosophischen Auseinandersetzung noch bei strategischen Überlegungen ignorieren. Es ist also z. B. wichtig, bei der philosophischen Diskussion immer darauf hinzuweisen, wie realitätsfern die Annahme ist, dass für die Fleischproduktion »glückliche Tiere« getötet würden. Und ob es sinnvoll sein kann, eine »leidfreie« Tiernutzung politisch als Übergangslösung zu bewerben, ist aufgrund der genannten ideologischen Implikationen mindestens zweifelhaft. Eine Alternative besteht darin, die Abwertung und Beherrschung der Tiere grundlegend zu kritisieren und für eine vegane Landwirtschaft und Ernährung einzutreten.

Bisher bin ich davon ausgegangen, dass die bloße Lust am Fleischessen der einzige Grund ist, der für das Töten von Tieren angeführt wird. Nun bringen Verteidiger*innen des Fleischessens allerdings bisweilen andere Gründe vor, um zu zeigen, dass wir die Nutztierhaltung und die Jagd nicht komplett beenden sollten. In diesem Abschnitt werde ich diese Argumente betrachten und zurückweisen.

Die Jagd sei notwendig, so das erste Argument, um Bestände von Wildtieren zu regulieren, die keine natürlichen Feinde mehr haben. Durch das gezielte Töten von Rehen oder Wildschweinen würden Überpopulationen verhindert, die sonst negative Folgen hätten. Diese Folgen beträfen nicht nur Ökosysteme wie z. B. den Wald – der sich nicht mehr verjüngen könne, wenn Rehe junge Triebe abfräßen –, sondern letztlich die Tiere der betreffenden Population selbst, die z. B. im Winter qualvoll verhungerten, wenn das vorhandene Nahrungsangebot nicht für alle Tiere reiche.

Das zweite Argument besagt, dass die Weidehaltung von Wiederkäuern wie Rindern und Schafen ökologisch bedeutende Vorteile habe, die wir nicht aufgeben dürften (Idel 2010). Grünland sei ein wertvolles Ökosystem, das nur durch Weidewirtschaft aufrechterhalten werden könne. Ungenutzt würden die meisten dieser Flächen hierzulande verbuschen und schließlich verwalden. Viele Tier- und Pflanzenarten seien aber auf offene Grasflächen angewiesen, daher würde dadurch die besondere Artenvielfalt der Kulturlandschaft verlorengehen. Immer öfter wird außerdem behauptet, dass die Weidehaltung von Rindern wichtig für den Klimaschutz sei: Wenn man die Beweidung richtig organisiere, sorge sie dafür, dass in den Böden der Gehalt organischer Substanz zunehme. Dabei würde Kohlenstoff gebunden und somit Treibhausgase aus der Atmosphäre entfernt – gegebenenfalls sogar so viel, dass dadurch die negativen Methan-Emissionen der Rinder mehr als ausgeglichen würden (S4C). Schließlich wird angeführt, Tierhaltung sei wichtig, um Böden fruchtbar zu halten. Die Ausscheidungen der Tiere würden als Dünger für Acker- und Gemüsebau benötigt, der sonst durch energieaufwendigen und umweltschädlichen Kunstdünger ersetzt werden müsse.

Das dritte Argument arbeitet mit einem Vergleich zwischen den Schäden, die die Produktion verschiedener Nahrungsmittel verursacht. Auch Acker- und Gemüsebau verbrauchen Land, beeinträchtigen häufig die Umwelt und töten viele Wirbeltiere wie z. B. kleine Nager. Sie sterben durch Pflug- oder Erntemaschinen und werden nicht selten auch gezielt vergiftet, um Ernteeinbußen zu verhindern. Die Tiere sterben hierbei oft extrem leidvoll, wenn sie z. B. von Maschinen nur verletzt werden oder am Gift langsam, über Tage, zugrunde gehen. Manche Schätzungen gehen von 15 Säugetieren pro Jahr und Hektar aus (Davis 2003). Die These lautet dann: Die Erzeugung von Fleisch aus extensiver Weidewirtschaft – oder auch durch Jagd auf Rehe oder Wildschweine – schädigt bzw. tötet insgesamt weniger Tiere als die Erzeugung von entsprechend nahrhaften pflanzlichen Alternativen. Einem »Prinzip vom geringsten Schadens« folgend sei deshalb mindestens ein gewisses Maß von Fleischproduktion und -konsum gerechtfertigt und sogar ethisch geboten.

Was ist von diesen Argumenten zu halten? Wie ich gleich erläutern werde, sind zum einen die empirischen Behauptungen zweifelhaft. Zum anderen sind auch dann, wenn wir bestimmten empirischen Annahmen zustimmen, die ethischen Konsequenzen keineswegs eindeutig.

Was die Jagd betrifft, so ist zunächst festzuhalten, dass hohe Populationen bestimmter Tierarten teilweise durch die Jagd und die aktuelle Landwirtschaft selbst befördert werden, u. a. durch Fütterungsmaßnahmen im Rahmen der jagdlichen »Hege« oder durch Mais-Monokulturen. Es liegt im Interesse vieler Jäger*innen, möglichst viele Tiere schießen zu können. Ob durch das Abschießen die Populationen überhaupt sinnvoll reguliert werden können, ist außerdem wissenschaftlich umstritten (Winter 2003; Tuider 2018). Man greift damit massiv in bestehende Gruppenstrukturen ein, was z. B. bei Wildschweinen dazu führt, dass mehr Tiere sich fortpflanzen. Zugleich ist die Jagd teilweise selbst eine Ursache der Probleme, die durch Bestandsreduzierung behoben werden sollen: Gestresste Rehe brauchen mehr Futter; aus Angst meiden sie offene Grasflächen und fressen daher eher Bäume im Wald an. Jäger*innen leisten zudem keine sinnvolle Selektion, weil sie nicht alte oder kranke, sondern junge gesunde Tiere schießen, oft wegen der Trophäen. Es ist zudem zweifelhaft, ob Populationen von Rehen oder Wildschweinen überhaupt einer Regulation bedürfen. Im streng geschützten Schweizer Nationalpark, wo nicht gejagt wird, übersteigen die Huftierpopulationen nicht das Nahrungsangebot. Anstatt den Wald zu schädigen, fördern sie offenbar sogar die Ausbreitung und die Verjüngung des Waldes (Brunke 2014). In dicht besiedelten Agrarlandschaften mag das natürlich anders aussehen. Auch da sind allerdings alternative Maßnahmen denkbar: Wenn die landwirtschaftliche Tierhaltung abgebaut wird, geht auch der Landverbrauch der Landwirtschaft zurück und viel größere zusammenhängende Naturschutzgebiete könnten eingerichtet werden. Scheint es dennoch notwendig, Populationen zu verkleinern, können auch Verhütungsmittel eingesetzt werden, was schon vereinzelt erprobt wurde (Cohn 2013).

Das gezielte Töten von bestimmten Tieren wäre also, wenn überhaupt, nur in sehr speziellen Fällen ein geeignetes und alternativloses Mittel, um Leid zu vermeiden oder Leben zu schützen. Aus utilitaristischer Sicht könnte es unter solchen Umständen vertretbar erscheinen. Da Ökosysteme und Arten weder Interessen noch ein eigenes Wohl haben, müssten allerdings alle Effekte auf Einzeltiere bilanziert werden – was praktisch kaum zu leisten ist, zumal der Schaden einer Art oft zum Nutzen einer anderen Art bzw. deren Vertretern ist. Aus deontologischer Sicht sollten wir, wie oben dargestellt, fühlenden Tieren ein individuelles Recht auf Leben zuschreiben. Dieses Recht zu verletzen dürfte nur in Fällen wie Notwehr, direkter Nothilfe oder dann legitim sein, wenn nur so dem Tier selbst schweres Leid erspart werden könnte. Bisweilen wird auch argumentiert, dass man das Lebensrecht einzelner Tiere einschränken könnte, sofern nur dadurch eine ganze Tierart vor der Ausrottung geschützt werden könnte (Grimm/Wild 2016, 193). In den seltensten Fällen scheint einer dieser Fälle klar gegeben zu sein. Im Hinblick auf reale Diskussionen um die Jagd ist insgesamt frag-

lich, inwiefern dabei überhaupt eine ernsthafte und unpartei-
ische Abwägung stattfindet oder stattfinden kann – denn diejenigen, die die Jagd verteidigen, gehen typischerweise von ganz
anderen Voraussetzungen aus, sie schreiben Tieren keinen Anspruch auf faire Interessenberücksichtigung und kein Recht auf
Leben zu.

Aus Sicht einer Ethik der Sensibilität sollte auch deshalb zunächst die mitfühlende, wertschätzende Einstellung gegenüber
Tieren eingenommen werden. Die situationsbezogene Abwägung von Konsequenzen müsste im Lichte dieser Einstellung
stattfinden und als oberstes Ziel haben, Tod und Leid von Tieren abzuwenden. Das scheint mindestens solange nicht gegeben,
wie das Töten als unterhaltsame oder befriedigende Tätigkeit
empfunden wird. Aber auch die Absicht, die erschossenen Tiere
zu essen, wird womöglich die jeweilige Abwägung zuungunsten
ten der Tiere beeinflussen. In den Ausnahmefällen, in denen die
Jagd sich mit Blick auf die Konsequenzen vielleicht rechtfertigen ließe, müsste sich also ihre gesamte Kultur und institutionelle Einbindung grundlegend wandeln. Als Beispiel für einen
möglichen Schritt auf diesem Weg könnte der Schweizer Kan-
ton Genf gelten, wo die Freizeitjagd seit 1974 verboten ist. Staatliche »Wildhüter« haben den Auftrag, allein zu Regulationszwe-
cken Tiere zu töten und der Leidvermeidung einen hohen Stel-
lenwert zu geben (Reichen 2018; Grimm/Wild 2016, 193–194).

Weidehaltung von Wiederkäuern kann in der Tat dazu beitragen, Grünland als artenreiches Biotop zu erhalten. Tatsächlich wird aber in Deutschland 86 Prozent des Grünlands intensiv
genutzt, d. h. gedüngt und mehrmals pro Jahr gemäht. Die Artenvielfalt ist daher gering (NABU). Weidewirtschaft in diesem
Sinne nimmt eine große Menge Land in Beschlag und hat ökologisch gesehen klar negative Auswirkungen. Eine andere Bewirt-
schaftung setzt einen geringen Tierbesatz und daher praktisch
auch finanzielle Förderung voraus. Es wäre daher zumindest
denkbar, die Beweidung nur noch als Naturschutz zu betreiben
und die Tiere nicht mehr zu schlachten.

Zugleich ist es gar nicht unbedingt ökologisch sinnvoll, über-
all das Grünland zu bewahren. Natürliche Mischwälder sind
ebenfalls sehr artenreich. Und was die Einlagerung von Treib-

hausgasen angeht, sind Wälder hierzulande die bessere Option. Denn ob durch Weidewirtschaft überhaupt nennenswerte Mengen Kohlenstoff gebunden werden können, hängt von sehr vielen Bedingungen ab. Und einiges spricht dafür, dass diese sogar im besten Fall die Methan-Emissionen der Rinder nicht ausgleichen können (Garnett et al. 2017).

Die Ausscheidungen von Tieren sind zwar in der Tat ein guter Dünger, allerdings nicht die einzige Alternative zu Kunstdünger. Ökologische Betriebe arbeiten schon heute vielfach mit pflanzlichen Düngemitteln wie Kompost, Mulch und dem Anbau von Hülsenfrüchten. Einzelne explizit ökologisch und vegan arbeitende Betriebe zeigen, dass auch das möglich ist (VON). Zwar kann man bezweifeln, ob diese Praxis langfristig funktioniert, da kontinuierlich Nährstoffe entnommen werden, die nicht zurückgeführt werden. Dasselbe gilt aber für eine Landwirtschaft mit Tierhaltung, denn auch die Tiere müssen Pflanzen fressen, bevor sie Dünger liefern können. Sobald wir die Tiere essen, entnehmen wir Nährstoffe, die nicht zurückgeführt werden. Mittelfristig scheint es daher sinnvoll zu sein, die Nährstoffe aus menschlichen Ausscheidungen wieder auf die Äcker zu bringen (Dring 2015).

Ob für Fleisch aus reiner Weidehaltung oder Jagd insgesamt weniger Tiere leiden und sterben müssen als für pflanzliche Produkte, hängt offensichtlich davon ab, welche Produktionsweise man betrachtet. Die verfügbaren Schätzungen beziehen sich auf industriellen Ackerbau, bei dem also Äcker mit großen Maschinen befahren, gepflügt und abgeerntet und »Schädlinge« im großen Stil vergiftet werden. Es ist allerdings praktisch unmöglich, hier zu verlässlichen Zahlen zu kommen (Fischer/Lamey 2018). Wichtig zu sehen ist außerdem, dass auch für die Weidewirtschaft wildlebende Tiere getötet werden. Mäuseplagen z. B. betreffen auch Grünland. Je nachdem, was man wie einbezieht, kann der Schadensvergleich mit der Weidehaltung unterschiedlich und auch zugunsten des Ackerbaus ausgehen (Matheny 2003; Mettke/Schmitz 2015).

Der Vergleich scheint darüber hinaus insofern unfair, als dabei eine absolute Ausnahmeerzeugung von Tierprodukten mit der üblichen Erzeugung von Ackerfrüchten verglichen wird. Sobald wir stattdessen umwelt- und tierfreundlichere Pflanzenanbaumethoden betrachten, kommen wir zu anderen Ergebnissen (ebd.). Zwar wird es nie möglich sein, Nahrungsmittel zu erzeugen, ohne Tiere zu schädigen, aber es gibt bedeutsame Unterschiede sowohl in den Auswirkungen auf einzelne Tiere als auch im Verhältnis zu umgebenden Ökosystemen. Ökologische Landwirtschaft ist dabei sicher noch nicht das Optimum. Viele Betriebe, die bio-veganen bzw. biozyklisch-veganen Anbau betreiben, aber z. B. auch viele Permakultur-Projekte setzen auf »passive Schädlingsabwehr«, indem sie die Artenvielfalt fördern und so die »Schädlinge« in Schach halten. Diese Praktiken lassen sich deutlich ausweiten. Aber auch beim klassischen Ackerbau wären viele Todesfälle zu vermeiden, wenn man dies überhaupt als wichtiges Ziel anerkennen und entsprechend in Forschung investieren und Aufwand betreiben würde (Fischer/Lamey 2018).

Richtig ist trotzdem sicher Folgendes: Viele pflanzliche Nahrungsmittel schneiden im Hinblick auf Leiden und Schäden, den ihre Produktion verursacht hat, sehr schlecht ab. Denken wir nur an die Kritik an Palmfett aus Regenwaldgebieten, an die umwelt- und bienenschädliche Produktion kalifornischer Mandeln oder eben den industriellen Getreideanbau, der ohne Ackergifte und Schädlingsbekämpfung kaum funktioniert. Es ist daher durchaus plausibel, dass bestimmte pflanzliche Nahrungsmittel sogar schlechter abschneiden als bestimmte (Ausnahme-)Tierprodukte. Weder aus utilitaristischer noch aus deontologischer Sicht kann eine schädliche Praxis aber dadurch gerechtfertigt werden, dass eine andere noch schädlicher ist, sofern es bessere Alternativen gibt.

Aus Sicht einer Ethik der Sensibilität kann man anerkennen, dass das Argument vom geringsten Schaden die Aufmerksamkeit auf Opfer der Landwirtschaft lenkt, die viel zu oft ignoriert werden – und gerade von denjenigen, die sich für besonders tierfreundlich halten. Aber anstatt daraus abzuleiten, dass wir getrost weitermachen können, Rinder oder Rehe als essbare Ressourcen zu betrachten, sollten wir unseren Begriff und unseren Umgang mit »Schädlingen« und Wildtieren hinterfragen und verändern.

Aus allen drei Perspektiven lässt sich urteilen: Das Faktum, dass die übliche Landwirtschaft auch beim Pflanzenbau so wenig Rücksicht auf Tiere nimmt, eignet sich nicht als Rechtfertigung dafür, Rinder zu schlachten oder Rehe und Wildschweine zu erschießen, um sie aufzuessen. Es zeigt vielmehr, wie wichtig umfassende Änderungen unserer Prinzipien und Einstellungen gegenüber Tieren sind.

2.5 Insekten

Spätestens an dieser Stelle stellt sich die Frage, wo genau eigentlich die Grenzen moralischer Berücksichtigung verlaufen. Die Argumentation im letzten Abschnitt könnte anders ausgehen, wenn wir mit einbeziehen, wie viele wirbellose Tiere wie Insekten im Rahmen verschiedener Pflanzenbaupraktiken getötet werden. Wenn Insekten allerdings umgekehrt gar nicht berücksichtigt werden müssen, dann scheint es doch eine harmlose Art zu geben, Tiere zu halten und zu töten, um sie zu essen: Produkte aus Mehlwürmern und Heuschrecken gibt es schon im Supermarkt zu kaufen, der Absatz soll steigen. In diesem Abschnitt werde ich daher untersuchen, welchen moralischen Status wir den wirbellosen Tieren und insbesondere den Insekten zuschreiben sollten.

Ein wichtiges Kriterium für die moralische Berücksichtigung ist in allen drei ethischen Perspektiven die Fähigkeit, positive und negative Empfindungen zu haben: Nur Wesen, die in diesem Sinne empfindungsfähig sind, können unter unseren Handlungen leiden, nur sie haben Interessen, nur sie haben eine erlebbare Zukunft zu verlieren und nur gegenüber ihnen ist es angebracht, eine mitfühlende Einstellung einzunehmen. Die entscheidende Frage, ob Insekten in diesem Sinne empfindungsfähig sind, ist leider nicht eindeutig zu beantworten.

Viele Insekten zeigen zwar erstaunliche Verhaltensweisen und Fähigkeiten: Ohrenkneifer versorgen ihre Jungen und beschützen sie vor Feinden. Bienen kommunizieren Ortsangaben durch komplizierte Tänze. Grillen verhalten sich in Kämpfen anders, wenn andere Grillen zuschauen, und sind lernfähig (Jerzich 2019). Die Gehirne von Insekten sind außerdem komplex genug, um subjektive Erfahrung und Bewusstsein zu ermöglichen (Barron/Klein 2016). Ob das allerdings zugleich bedeutet, dass sie Freude, Schmerz oder Leid erfahren können, ist zweifelhaft. Die Tatsache, dass sie Schadensquellen vermeiden, kann auch als Reiz-Reaktions-Verhalten ohne Gefühl interpretiert werden. Das Verhalten vieler Insekten legt im Gegenteil den Schluss nahe, dass sie keine Schmerzen empfinden: Käfer, die sich ein Bein verletzt haben, schonen dieses nicht. Eine Heuschrecke isst ungerührt weiter, noch während sie von einer Gottesanbeterin gefressen wird (DeGrazia 1996, 111).

Auf dieser Grundlage ist es plausibel anzunehmen, dass viele Insekten keine positiven oder negativen Empfindungen haben. Daraus können wir allerdings nicht automatisch schließen, dass Insekten moralisch gar nicht zählen: Es gibt eine gewisse Wahrscheinlichkeit, dass sie doch Empfindungen haben. Diese könnten zwar von ihrer Stärke und Qualität wohl nicht mit denen von Säugetieren oder Vögeln zu vergleichen sein. Ganz ignorieren dürfte man sie trotzdem nicht. Was bedeutet das konkret?

Aus utilitaristischer Sicht müsste man die möglichen Auswirkungen unserer Handlungen auf Insekten bei Entscheidungen mit einbeziehen. Die geringe Wahrscheinlichkeit, dass sie empfindungsfähig sind, könnte man dabei mit berücksichtigen und entsprechend einen Erwartungswert von Nutzen und Schaden berechnen. Selbst ganz schwache Empfindungen mit geringer Wahrscheinlichkeit würden sich durch die schier gigantische Zahl der Insekten auf der Welt zu einer relevanten Größe aufaddieren (Fischer 2016 b).

Aus deontologischer Sicht erscheint es plausibel, dass wir Insekten keine moralischen Grundrechte zuschreiben sollten, da die bloße Möglichkeit von Empfindungsfähigkeit dafür nicht hinreichend ist. Selbst in dem Fall, dass Insekten Empfindungen haben, würden sie wohl deutlich weniger zählen als Mäuse oder Schweine. Trotzdem sollten wir ein Vorsichtsprinzip anwenden und davon ausgehen, dass wir die Pflicht haben, Insekten nicht ohne Grund zu schädigen. Insofern Pflichten auch realistisch erfüllbar sein müssen, wären trotzdem viele Formen der Schädigung akzeptabel.

Aus Sicht der Ethik der Sensibilität ist interessant, dass wir viele Insekten intuitiv als leidensfähig ansehen – einer Fliege die Beine auszureißen, nehmen wir als grausam wahr. Menschen, die sich mit dem Verhalten von (einzelnen) Insekten beschäftigen, gelangen dabei oft zu einer Einstellung der Wertschätzung auch für Individuen (Bailey 2012). Zugleich scheint es aber praktisch und alltäglich unvermeidbar, Abstufungen vorzunehmen und z. B. im Konfliktfall Wirbeltiere vorzuziehen – so würden die meisten von uns nicht zögern, die Flöhe zu töten, die den Hund oder das Schaf befallen haben.

Die Auseinandersetzung mit Insekten zeigt offenbar: Auch eine Position, die Tiere möglichst ernst nimmt, wie ich sie hier vertrete, kommt nicht ohne problematische Grenzziehungen aus. Das ist wohl insofern unvermeidbar, als wir es in der Realität mit kontinuierlichen Übergängen zwischen empfindungslosem und empfindungsfähigem Leben und einer großen Menge unklarer Fälle zu tun haben. Hinzu kommt, dass eine umfassende Rücksicht auf Insekten praktisch kaum umsetzbar ist. Um überhaupt handlungsfähig zu bleiben, müssen wir also aus meiner Sicht Bewertungsmaßstäbe finden, die ein Stück weit willkürlich erscheinen können. Ich denke allerdings, dass es sich dabei um ein Problem handelt, das alle ethischen Positionen teilen. Dabei halte ich die hier dargestellten, differenzierten Maßstäbe für deutlich plausibler als andere – wie z. B. diejenigen, nach denen aktuell die Gesellschaft organisiert ist, wonach das Leben von (manchen) Menschen sehr viel zählt und das Leben schon unserer nächsten Verwandten im Tierreich fast nichts.

Ich denke nun, dass das »Argument vom geringsten Schaden« auch dann nicht die Weidetierhaltung oder die Jagd rechtfertigen kann, wenn wir die Insekten einbeziehen, die bei der Erzeugung pflanzlicher Alternativen geschädigt werden. Aus deontologischer Sicht und aus Sicht der Ethik der Sensibilität hat es wenig Sinn, die Opferzahlen gegeneinander zu verrechnen, und wir sollten die sicher empfindungsfähigen Tiere priorisieren – und zugleich versuchen, den Schaden für die anderen Tiere so weit zu verringern wie möglich (Sebo 2018). Aus utilitaristischer Sicht ist keineswegs klar, was eine umfassende Aufrechnung ergibt. Dabei müsste man letztlich auch das Leiden und Sterben der Tiere einbeziehen, das ohne menschliche Eingriffe stattfinden würde. Vor diesem Hintergrund lässt sich sogar dafür argumentieren, dass der Ackerbau praktisch Leid und Tod von Insekten verringert, insofern er die Anzahl der Insekten verringert (Tomasik 2016). Hierbei ergeben sich allerdings Widersprüche mit der Annahme, dass wir im Sinne des Umweltschutzes die Biodiversität fördern sollten. Dies würde eine umfassendere Untersuchung verdienen, die ich hier nicht leisten kann.

Die Tatsache, dass Insekten mit einer geringen Wahrscheinlichkeit empfindungsfähig sind, ist zugleich ein Argument dagegen, sie im großen Stil zu züchten, um sie zu essen: Im Zweifel für die Tiere. Allerdings gibt es auch zwei Argumente für Insektenfarmen, die diese Prämisse teilen (können) und trotzdem zu einem anderen Ergebnis kommen. Das erste ist eine neue Variante des »Arguments« vom geringsten Schaden«: Insekten zu produzieren würde insgesamt weniger Schaden anrichten als der Anbau von pflanzlichen Nahrungsmitteln (Fischer 2016a). Das zweite Argument verweist darauf, dass Insektenfarmen Mastanlagen für Schweine oder Hühner ersetzen könnten und daher eine Verbesserung zum Status Quo darstellen würden – sowohl im Hinblick auf das direkt verursachte Leid als auch im Hinblick auf Ressourcenverbrauch, Umwelt und Klima.

Das erste Argument funktioniert allerdings praktisch nur, wenn die Insekten in Insektenfarmen von Lebensmittelabfällen oder sonstigen reinen Überschussprodukten ernährt würden. Nur in diesem Fall könnten Insekten als Nahrung tatsächlich Ackerbau ersetzen und so verhindern, dass wildlebende Insekten, aber auch Mäuse etc. als »Schädlinge« getötet werden. Tatsächlich werden die Mehlwürmer oder Heuschrecken in Insektenfarmen aber in den meisten Fällen mit Getreide und anderen Produkten gefüttert, die wir Menschen auch direkt essen könnten (Tomasik 2016). In der EU gelten für die Fütterung von Insekten, die für den menschlichen Verzehr gedacht sind, ähnliche Vorschriften wie für die Fütterung von Hühnern oder Schweinen – man kann sie schon aus rechtlichen Gründen nicht von Lebensmittelabfällen ernähren. Das Prinzip vom geringsten Schaden spricht dann gerade gegen die Insektenfarmen: Um

Tiere zu schonen, sollten wir die Pflanzen direkt essen, anstatt sie an Insekten zu verfüttern und diese dann zu essen.

Insekten brauchen allerdings sehr viel weniger Futtermittel als Schweine, Rinder oder Hühner, um dieselbe Menge an essbarem Eiweiß zu bilden. Auf dieser Tatsache beruht das zweite Argument. Im Hinblick auf Tierleid, Umwelt und Klima könnten Insektenfarmen daher im Vergleich zu konventionellen Mastanlagen das kleinere Übel zu sein. Aus meiner Sicht ist allerdings nicht einzusehen, warum man für diese Option eintreten sollte, wenn doch eine pflanzliche Erzeugung von Nahrungsmitteln noch besser ist, wie ich eben dargestellt habe. Derzeit finden viele Menschen die Vorstellung eklig, Insekten zu essen. Der Aufwand, der investiert werden muss, um Insekten für Verbraucher*innen attraktiv zu machen, wäre viel sinnvoller in die Verbreitung der veganen Lebensweise zu investieren.

Davon abgesehen sind die Umweltauswirkungen von Insektenzucht im großen Stil tatsächlich noch gar nicht abzusehen (Berggren et al. 2019). Große Insektenfarmen sind hochtechnisierte Fabriken: Temperatur und Feuchtigkeit müssen genau eingestellt sein, damit die Tiere nicht in Massen sterben. Es handelt sich um energieaufwendige und empfindliche Systeme. Auch stellen sich bei der Massenzucht von Insekten ähnliche Probleme wie bei der Massenzucht von anderen Tieren: Es sind Bedingungen, die die Entstehung und Ausbreitung von Krankheiten begünstigen. Damit bergen Insektenfarmen möglicherweise bedeutsame Gesundheitsrisiken für uns Menschen und für andere Tiere.

Nicht zuletzt zeigt sich hier auch ein grundlegender Gegensatz unterschiedlicher Visionen für die Zukunft der Landwirtschaft: Die einen sehen die Lösung aktueller Probleme in technisch-industriellen Systemen, die im Hinblick auf Ressourcenverbrauch und Schäden optimiert werden. Die anderen wünschen sich eine dezentrale, vielfältige und an Kreisläufen orientierte Erzeugung von Nahrungsmitteln. Aus meiner Sicht spricht viel für die zweite Vision, eine angemessene Auseinandersetzung würde aber den Rahmen dieses Buches sprengen.

Ich habe dafür argumentiert, dass es sich generell nicht recht-fertigen lässt, Tiere zum Verzehr zu töten, sofern wir Alterna-tiven haben. Nun ist es naheliegend, daraus wie im ersten Ka-pitel direkte Regeln für den individuellen Konsum abzuleiten: Wir sollten die Nahrungsmittel, die den kritischen Praktiken entstammen, boykottieren. Die kommerzielle Produktion von Milch und Eiern involviert ebenfalls das Töten von Tieren. Im Hinblick auf die Zufügung von Leid und die Einschränkung von Verhaltensweisen ist sie außerdem typischerweise problemati-scher als die geschilderten bestmöglichen Varianten der Fleisch-erzeugung. Daher scheint zu folgen, dass wir ausschließlich ve-gane Nahrungsmittel konsumieren sollten.

Ich stimme dieser Forderung zu. Allerdings denke ich, dass sie noch gegen einen Einwand verteidigt werden muss, der sich aus den Überlegungen der vorigen Abschnitte ergibt und in ei-ner schwächeren Version bereits im ersten Kapitel diskutiert wurde. Der Einwand lautet: Wenn man sich mit verschiede-nen Formen der Erzeugung von Nahrungsmitteln auseinander-setzt, erkennt man, dass pflanzliche Produkte gar nicht automa-tisch besser sind als tierliche Produkte. Bestimmte Formen von Ackerbau schädigen und töten auch und vermutlich sogar mehr Wirbeltiere als bestimmte Formen der Fleischproduktion. Unter diesen Voraussetzungen ergibt es aber keinen Sinn, so der Ein-wand, ausgerechnet und nur alle Tierprodukte zu meiden. Statt-dessen sollten wir doch allgemein versuchen, die besseren For-men der Landwirtschaft zu unterstützen und die schlechteren zu boykottieren, ganz unabhängig davon, ob es sich um pflanz-liche oder tierliche Produkte handelt.

Wer diese Konsequenz zieht, übersieht meines Erachtens al-lerdings zwei Punkte. Erstens kommen als »bessere Formen« der Fleischerzeugung nur absolute Ausnahmepraktiken in Frage wie jene, die ich in diesem Kapitel betrachtet habe. Eine Bedingung ist, dass die Tiere nur auf der Weide gehalten und nicht mit Ackerfrüchten zugefüttert werden, denn sonst wür-den sich ja die Opferzahlen multiplizieren. Fleisch oder Milch aus reiner Weidehaltung gibt es aber im Einzelhandel praktisch

nicht zu kaufen; auch bei Biohaltung wird typischerweise zugefüttert. Wer sich also aus dem normalen Angebot bedient, sollte
sowieso vegan leben. Um Tierprodukte aus reiner Weidehaltung
zu bekommen, die zudem höchsten Standards im Hinblick auf
den Umgang mit den Tieren entsprechen, muss man Recherche
und Aufwand betreiben. Dann ist aber nicht einzusehen, warum
man diesen Aufwand nicht lieber investieren sollte, um möglichst gute pflanzliche Produkte z. B. von bioveganen oder Per-
makultur-Betrieben zu bekommen, bei denen wir davon ausgehen können, dass die Bilanz noch besser ist.

Zweitens habe ich in diesem Kapitel dargestellt, inwiefern
es mindestens aus der Sicht der Ethik der Sensibilität problematisch und gefährlich ist, empfindungsfähige Tiere bzw. ihre
Körperteile überhaupt als essbare, käufliche Waren zu betrachten. Eine solche Einstellung geht psychologisch nachweisbar oft
damit einher, dass wir das Leiden von Tieren weniger wichtig
nehmen. Es erscheint aber sinnvoll, uns selbst Regeln zu geben,
die unsere Fähigkeit, mitfühlend und solidarisch zu handeln,
stabilisieren anstatt sie zu untergraben (Gruen/Jones 2015, 168).
Die mitfühlende und respektvolle Einstellung gegenüber Tieren drücken wir – uns selbst und anderen gegenüber – aus, indem wir der strikten Regel folgen, keine Tierprodukte zu essen.

Ich denke also, dass der geschilderte Einwand nicht überzeugend ist. Aus den Überlegungen in diesem Kapitel – in Kombi-
nation mit den Argumenten aus Abschnitt 1.6 zur Relevanz des
eigenen Konsums – folgt tatsächlich, dass wir Tierprodukte in
allen Varianten boykottieren sollten. Das heißt zugleich natürlich nicht, dass wir damit allein unserer Verantwortung als Konsument*innen gerecht werden. Keineswegs sollten wir denken,
dass eine vegane Ernährung keinerlei Schäden für Menschen,
Tiere, Umwelt und Klima verursachen würde. Im Gegenteil
sollten wir aus denselben Gründen, die den Verzicht auf Tierprodukte motivieren, viele andere Produkte hinterfragen und
wenn möglich boykottieren. Das gilt paradoxerweise auch für
bestimmte Produkte, die eigens dafür entwickelt wurden, Tierprodukte zu ersetzen. Viele vegane Käsesorten enthalten z. B.
Kokosprodukte, Cashewnüsse oder Mandeln, die hierzulande
kaum wachsen. Die aktuellen Anbauweisen involvieren zumin-

dest in vielen Fällen Schäden für Menschen, Tiere und Umwelt (RW, SB). Zwar ist die Ökobilanz wohl trotzdem deutlich besser als die von Kuhkäse (Poore/Nemecek 2018). Im Sinne echter Nachhaltigkeit scheint es aber wenig sinnvoll zu wünschen, dass alle Menschen einfach ihren aktuellen Verbrauch von Kuhkäse durch solche veganen Käsesorten ersetzen, die dann bei steigender Nachfrage immer industrieller produziert würden. Vielmehr brauchen wir eine umfassende Änderung unserer Ernährungskultur, die sich viel stärker an dem orientiert, was ökologisch, regional und gerecht angebaut werden kann.

Diese Ziele weisen offensichtlich weit über unsere individuellen Konsumentscheidungen hinaus. Bereits im ersten Kapitel habe ich dargestellt, wie wichtig es ist, dass wir uns als Gesellschaftsmitglieder auch politisch im Rahmen unserer Möglichkeiten für eine Agrar- und Ernährungswende einsetzen. Vor dem Hintergrund der Überlegungen, die ich in diesem Kapitel vorgetragen habe, lässt sich dies nun weiter spezifizieren.

Auf der gesellschaftlich-politischen Ebene müssen wir, so denke ich, nicht nur die realen Umgangsweisen mit Tieren kritisieren, sondern auch ihre ideologischen Grundlagen. Zwar stehen die meisten Praktiken im Gegensatz zu verbreiteten moralischen Überzeugungen, denn diesen zufolge sollten wir Tieren ohne gewichtige Gründe kein Leid und keinen Schaden zufügen. Zugleich scheint die übliche Praxis aber nur möglich zu sein, weil viele Menschen selbstverständlich davon ausgehen, dass wir Tiere zu unseren Zwecken nutzen und töten dürfen. Tiere gelten also zwar einerseits als schützenswert, insofern sie empfindungsfähig sind. Sie gelten aber andererseits und gleichzeitig als nutzbare, essbare, handelbare Güter oder Waren. Die meisten Tierschutzbestrebungen werden nun genau dadurch verhindert, dass die letztere Perspektive über die erstere gewinnt: Tiere werden immer nur insoweit geschützt, wie es ihre wirtschaftliche Nutzung nicht untergräbt.

Um echte Änderungen zu erreichen, könnte es daher von zentraler Bedeutung sein, dieser Perspektive selbst die Akzeptanz zu entziehen. Anstatt so zu tun, als ob der Gegensatz zwischen beiden Perspektiven überwunden werden könnte – wie es die Idee vom »Fleisch von glücklichen Tieren« suggeriert –

müssen wir zeigen, dass es immer falsch und ungerecht ist, fühlende Wesen zu unseren Zwecken gefangenzuhalten, zu töten und zu essen.

Genau um diese grundsätzliche Kritik geht es der Tierrechts- und Tierbefreiungsbewegung (Schmitz 2019). »Tierbefreiung« meint hier nicht die reale Befreiung von Tieren z. B. aus Mastanlagen, sondern die Befreiung aller Tiere aus einem gesellschaftlichen Unterdrückungsverhältnis. Beziehungen der Ausbeutung und Gewalt sollen ersetzt werden durch Beziehungen des Respekts, des Mitgefühls und der Solidarität. Dabei hat insbesondere die Tierbefreiungsbewegung den Anspruch, alle Formen von Ungerechtigkeit der heutigen Gesellschaften mitzudenken und im Schulterschluss mit anderen sozialen Bewegungen eine umfassende Transformation zu bewirken – vor dem Hintergrund der ökologischen Krise und der nahenden Klimakatastrophe erscheint dies wichtiger denn je. Um eine solche Transformation zu erreichen, braucht es gesellschaftliche Diskussionen nicht zuletzt zu den Themen dieses Buches.

Zugleich wird der Status Quo nicht nur von Ideologie, sondern auch von realen Machtverhältnissen bestimmt. International agierende Fleischkonzerne profitieren wirtschaftlich von der Ausbeutung von Tieren und Menschen und machen für ihre Interessen politische Lobbyarbeit. Um dem etwas entgegenzusetzen, braucht es mindestens genauso dringend den entschlossenen Protest und Widerstand von vielen Menschen. Die Zeit zu handeln ist jetzt.

Ergebnisse

....

Die Frage, ob wir Tiere essen dürfen, beinhaltet mehrere Unterfragen, die wir sinnvollerweise voneinander unterscheiden sollten. Die erste Unterscheidung ist die zwischen praktischen und grundsätzlichen Fragen. Zu den praktischen Fragen gehört: Ist es ethisch vertretbar, diejenigen Fleisch- und Wurstprodukte zu kaufen und zu essen, die uns im Alltag angeboten werden? Um diese Frage zu beantworten, müssen wir uns u. a. ernsthaft mit den realen Umständen auseinandersetzen, unter denen hierzulande Tiere gezüchtet, gehalten und getötet werden. Zu den grundsätzlichen Fragen gehört: Ist es unter bestimmten Umständen legitim, Tiere zu töten, um sie zu essen? Haben manche Tiere ein Recht auf Leben? Diese Fragen sind philosophisch interessant, aber im Hinblick auf die Ernährung selten, wenn überhaupt, praktisch relevant.

....

Die zweite Unterscheidung ist die zwischen individuellem Konsum und gesellschaftlichen Verhältnissen. Wir müssen zum einen selbst jeden Tag entscheiden, ob wir Fleisch (und andere Tierprodukte) kaufen und essen wollen oder nicht. Als Bürger*innen der Gesellschaft können wir aber auch auf die herrschenden Rahmenbedingungen Einfluss nehmen. Wir haben in beiden Hinsichten Verantwortung.

....

Es gehört zu einem moralischen Konsens in unserer Gesellschaft, dass wir fühlenden Tieren nicht ohne gewichtige Gründe große Leiden und Schäden zufügen sollten.

....

J.B. Metzler © Springer-Verlag GmbH Deutschland, ein Teil von Springer Nature, 2020
F.Schmitz, *Tiere essen – dürfen wir das?*, https://doi.org/10.1007/978-3-476-05656-6_3

In der üblichen Nutztierhaltung werden Tieren große Leiden und Schäden zugefügt. Rinder, Schweine, Hühner und Puten werden auf bestimmte Körpereigenschaften gezüchtet, worunter ihre Gesundheit leidet. Viele Tiere werden schmerzhaft verstümmelt. Sie sind zumeist auf wenig Platz eingesperrt und können viele ihrer artgemäßen Verhaltensweisen nicht ausleben. Krankheiten und Verletzungen sind weit verbreitet. Auf Familienstrukturen und soziale Beziehungen wird keine Rücksicht genommen, Eltern und Jungtiere trennt man früh voneinander. Auf dem Weg zur und bei der Schlachtung erfahren die Tiere häufig Angst und Schmerzen.

Die Situation sieht in alternativen Haltungsverfahren wie in der Biohaltung nicht grundlegend anders aus. Auch dort ist es den Tieren zumeist nicht möglich, artgemäße Verhaltensweisen auszuführen, Krankheiten sind weit verbreitet, die Tiere werden früh von Eltern bzw. Kindern getrennt und viele erfahren im Zusammenhang mit der Schlachtung Angst und Schmerzen. Insgesamt kann man bei so gut wie allen der im Handel verfügbaren Tierprodukte davon ausgehen, dass den Tieren große Leiden und Schäden zugefügt wurden.

Die Jagd auf Tiere verursacht oft großes Leid, die übliche Tötung von Fischen und die Haltung von Fischen in Aquakultur ebenso.

Es gibt für all diese Praktiken keine gewichtigen Gründe, denn wir können uns gut und gesund auch pflanzlich ernähren und wir könnten als Gesellschaft das Agrar- und Ernährungssystem entsprechend sozial gerecht transformieren. Dafür spricht außerdem, dass die aktuelle Tierindustrie weitere dramatische Folgen für Umwelt, Klima und Gesundheit hat.

Die übliche Nutztierhaltung, die Fischerei und mindestens weite Teile der Jagd sind daher ethisch nicht vertretbar. Dieses Urteil lässt sich aus verschiedenen moraltheoretischen Perspektiven begründen. Aus einer politischen Perspektive erweisen sich die Zustände außerdem als institutionalisierte Ungerechtigkeit.

Als Konsument*innen sollten wir daher, um im Einklang mit unseren eigenen Überzeugungen zu handeln, diese Praktiken nicht unterstützen, weder finanziell noch symbolisch. Wir sollten somit mindestens 99 Prozent der Fleisch- und Tierprodukte, die im Handel erhältlich sind, nicht kaufen – das betrifft im Normalfall alle Produkte, die wir im Supermarkt, in Bio- und Hofläden sowie in Restaurants und Kantinen bekommen können. Das bedeutet, dass wir praktisch vegan leben sollten.

Daneben gibt es gute Gründe dafür, dass wir uns als Bürger*innen der Gesellschaft im Rahmen unserer Möglichkeiten für eine grundlegende Agrar- und Ernährungswende einsetzen, die einen drastischen Rückbau der Nutztierhaltung und der Fischerei vorsieht.

Diese Antworten auf die praktischen Fragen sind in der akademischen Tierethik kaum umstritten. Fast niemand argumentiert ernsthaft dafür, dass es legitim sei, Tieren für Fleisch, Milch und Eier die Art von Leiden und Schäden zuzufügen, die in so gut wie allen Erzeugungsarten an der Tagesordnung ist. Es handelt sich also nicht primär um eine ethische Kontroverse, sondern mehr um eine gesellschaftliche Aufgabe.

Umstrittener sind dagegen die Antworten auf die grundsätzlichen Fragen, insbesondere ob es legitim sein kann, fühlende Tiere zu töten, damit Menschen Fleisch essen können, sofern den Tieren zu Lebzeiten keine großen Leiden und Schäden zugefügt werden.

Aus verschiedenen ethischen Perspektiven lässt es sich nicht rechtfertigen, fühlende Tiere zu töten, nur weil wir sie essen wollen, sofern wir uns auch pflanzlich gut ernähren können. Weil Tiere durch den Tod ihre ganze Zukunft verlieren, sollten wir ihnen aus utilitaristischer Sicht ein starkes Interesse am Weiterleben zuschreiben, das durch unseren Wunsch nach Fleischverzehr nicht aufgewogen werden kann. Wenn wir aus deontologischer Sicht davon ausgehen, dass Menschen moralische Grundrechte haben, sollten wir auch Tieren ein Recht auf Leben zuschreiben. Und sofern wir Tiere als fühlende Individuen ansehen und ihnen gegenüber eine mitfühlende Einstellung einnehmen, wie es eine Ethik der Sensibilität anregt, läuft das der Absicht entgegen, dieselben Tiere zu töten und zu essen.

Die Idee vom »Fleisch von glücklichen Tieren« spielt gesellschaftlich womöglich eine gefährliche Rolle. Statt darin eine erstrebenswerte Alternative zur üblichen Erzeugung von Tierprodukten zu sehen, sollten wir die Idee als irreführenden Mythos kritisieren.

Um bestimmte Formen von Jagd und Nutztierhaltung zu rechtfertigen, wird bisweilen argumentiert, dass diese ökologisch vorteilhaft wären und insgesamt zu weniger Schäden für Tiere führen würden als die Erzeugung pflanzlicher Nahrungsmittel. Diese Argumente sind jedoch sowohl auf der Faktenebene als auch in der ethischen Bewertung nicht überzeugend.

Auch wenn man Insekten als möglicherweise empfindungsfähige Tiere mit einbezieht, verändert sich dieses Ergebnis nicht. Außerdem lässt sich zeigen, dass wir auch Insekten nicht züchten und töten sollten, um sie zu essen.

Insgesamt ergibt sich aus meiner Argumentation, dass wir bei unserem eigenen Konsum konsequent Tierprodukte boykottieren und möglichst ökologisch und fair einkaufen sollten. Außerdem spricht viel dafür, im Rahmen unserer Möglichkeiten die Tierrechts- und Tierbefreiungsbewegung zu unterstützen, um politische Änderungen zu erreichen.

Nachwort und Danksagung

Es gibt viele Gründe, am Sinn ethischer Abhandlungen zu zweifeln. Ich schreibe dieses Buch im Frühjahr 2020: Während zu Corona-Zeiten hierzulande strikte Abstands- und Hygieneregeln gelten, werden zehntausende Flüchtlinge auf den griechischen Inseln in überfüllten Lagern ohne ausreichende medizinische Versorgung isoliert. Seit vielen Jahren wissen wir, wie sehr die aktuelle Wirtschaftsweise die Erderwärmung befördert, die zahlreiche Ökosysteme und Lebensräume für Menschen und Tiere vernichtet und zum Kollaps unserer Gesellschaften führen kann. Der dringend nötige Umbau von Wirtschaft und Gesellschaft findet aber nicht statt. Derweil kann sich der deutsche Bundesrat nicht darauf einigen, ob es weiter erlaubt sein soll, Schweine tage- und wochenlang in Käfige zu sperren, in denen sie beim Liegen noch nicht einmal ihre Beine ausstrecken können.

Welchen Zweck hat eine Diskussion über Ethik, wenn doch schon die Grundsätze, über die wir uns allem Anschein nach alle einig sind – dass alle Menschen gleiche Rechte haben, dass wir gute Lebensbedingungen auf diesem Planeten bewahren sollten oder dass Tierquälerei falsch ist –, offenbar kaum einen praktischen Einfluss haben?

Man kann darüber verzweifeln. Man kann sich aber auch daran festhalten, dass ein kleiner Einfluss besser ist als gar kein Einfluss. Hoffnung machen mir immer wieder die Menschen, die sich gegen alle Entmutigungen für das Richtige einsetzen, sei es in der Bewegung zur Evakuierung der Flüchtlingslager und für grenzübergreifende Solidarität, in der Klimagerechtig-keits- oder der Tierrechts- und Tierbefreiungsbewegung. Sehr viele von ihnen tun das offensichtlich aus ethischen Überzeu-gungen – weil sie ein Unrecht erkennen und nicht länger dul-den wollen. Sie sind mit diesen Überzeugungen nicht schon ge-boren worden, sondern sie haben sich diese auf die eine oder andere Weise angeeignet, u. a. durch ethische Diskussion und Reflexion.

Das Ziel ethischer Abhandlungen muss nicht sein, gleichsam alle Menschen als Einzelne durch Ethik zu besserem Verhalten zu bewegen. Wichtiger erscheint mir, dass die wirtschaftlichen und politischen Verhältnisse verändert werden, die so viele Rahmenbedingungen unseres individuellen Verhaltens festle-gen. Verhältnisse lassen sich aber nur ändern, wenn viele ein-zelne Menschen dafür kämpfen. Mit diesem Buch möchte ich Gründe liefern, genau das zu tun. Ethische Abhandlungen ver-bessern nicht die Welt. Aber öffentliche Debatten in Kombina-tion mit sozialen Kämpfen können durchaus eine Rolle spie-len. Auch dazu soll dieses Buch einen winzigen Beitrag leisten.

Für hilfreiche Kommentare zu früheren Versionen des Textes danke ich herzlich Anne Burkard, Alexander Dinges, Thomas Grundmann, Stefan Kirschke und Franziska Remeika.

Literatur

Hinweis: Alle Internetseiten wurden Mitte Mai 2020 zuletzt abgerufen.

Aaltola, Elisa (2015): The Rise of Sentimentalism and Animal Philosophy. In: Dies./John Hadley (Hg.): Animal Ethics and Philosophy. London/New York, 201–218.

Aaltola, Elisa (2018): Varieties of Empathy. Moral Psychology and Animal Ethics. London.

Adick, Katharina (2019): Haben Pflanzen ein Bewusstsein? In: https://www.quarks.de/gesellschaft/wissenschaft/haben-pflanzen-ein-bewusstsein/.

Barkham, Patrick (2017): Cows are loving, intelligent and kind – so should we still eat them? In: https://www.theguardian.com/environment/2017/oct/30/secret-life-of-cows-loving-intelligent-kind-eat-them.

Barron, Andrew B./Klein, Colin (2016): What insects can tell us about the origins of consciousness. In: Proceedings of the National Academy of Sciences 113/18, 4900–4908.

Batzer, Heike A./Sebald, Christian (2017): Vorwürfe gegen Brucker Schlachthof. In: https://www.sueddeutsche.de/muenchen/ermittlung-gegen-bio-betrieb-vorwuerfe-gegen-brucker-schlachthof-1.3489115.

Bailey, Elisabeth Tova (2012): Das Geräusch einer Schnecke beim Essen. München.

Benning, Reinhild/Preuß-Ueberschär, Claudia: »One Health« – Gefahren durch Antibiotikaresistenzen. In: Diehl/Tuider, 184–190.

Bentham, Jeremy (1970): An Introduction to the Principles of Morals and Legislation. Hg. von J. H. Burns und H. L. A. Hart. London.

Bessei, Werner/Reiter, Klaus (2009): Verhalten von Hühnern. In: Steffen Hoy (Hg.): Nutztierethologie. Stuttgart, 204–223.

Berggren, A. et al. (2019): Approaching Ecological Sustainability in the Emerging Insects-as-Food Industry. In: Trends in Ecology & Evolution 34/2, 132–138.

Birnbacher, Dieter (2008): Lässt sich die Tötung von Tieren rechtfertigen? In: Ursula Wolf (Hg.): Texte zur Tierethik. Ditzingen, 212–231.

Brade, Wilfried et al. (2008) (Hg.): Legehuhnzucht und Eiererzeugung. Empfehlungen für die Praxis. Braunschweig.

Brunke, Julia (2014): Nationalpark Schweiz. 100 Jahre Natur ohne Jagd. In: https://www.freiheit-fuer-tiere.de/artikel/nationalpark-schweiz-100-jahre-natur-ohne-jagd.html.

Buchli, Cornelia et al. (2015): Hat der Kontakt zu Mutter oder Amme einen Einfluss auf Sozialverhalten und Stressreaktivität von Kälbern auf Milchviehbetrieben? In: Kuratorium für Technik und Bauwesen in der Landwirtschaft e. V. (KTBL) (Hg.): Aktuelle Arbeiten zur artgemäßen Tierhaltung 2015, 148–157.

Burger, Kathrin (2020): Wie grün ist der Lachs? In: https://www.spektrum.de/news/wie-aquakulturen-ihre-haltungsbedingungen-verbessern-koennten/1725772.

Chignell, Andrew (2015): Can We Really Vote with Our Forks? Opportunism and the Threshold Chicken. In: Chignell/Cuneo/Halteman, 182–202.

Chignell, Andrew/Cuneo, Terence/Halteman, Matthew C. (Hg.) (2015): Philosophy Comes to Dinner. New York.

Clark, Stephen R. L. (1984): The Moral Status of Animals. Oxford/New York.

Cochrane, Alasdair (2012): Animal Rights Without Liberation. New York.

Cohen, Carl (2004): A Critique of the Alleged Moral Basis of Vegetarianism. In: Steven Sapontzis (Hg.): Food for Thought: The Debate over Eating Meat. Amherst NY, 152–166.

Cohen, Carl (2007): Haben Tiere Rechte? In: Interdisziplinäre Arbeitsgemeinschaft Tierrechte (Hg.): Tierrechte. Eine interdisziplinäre Herausforderung. Erlangen, 89–104.

Cohen, Nick (2020): Surely the link between abusing animals and the world's health is now clear. In: https://www.theguardian.com/commentisfree/2020/apr/11/surely-the-link-between-abusing-animals-and-the-worlds-health-is-now-clear.

Cohn, Priscilla N. (2013): Immunocontraception. In: Andrew Linzey (Hg.): The Global Guide to Animal Protection. Urbana, 74–76.

Crary, Alice (2018): Ethics. In: Lori Gruen (Hg.): Critical Terms for Animal Studies. Chicago/London. 154–168.

Davis, Steven L. (2003): The least harm principle may require that humans consume a diet containing large herbivores, not a vegan diet. In: Journal of Agricultural and Environmental Ethics 16, 387–394.

DeGrazia, David (1996): Taking Animals Seriously. Mental life and moral status. Cambridge.

DeGrazia, David (2009): Moral Vegetarianism from a Very Broad Basis. In: Journal of Moral Philosophy 6, 143–165.

Deter, Alfons (2018a): Tierschutzbund wirft Initiative Tierwohl Verbrauchertäuschung vor. In: https://www.topagrar.com/management-und-politik/news/tierschutzbund-wirft-initiative-tierwohl-verbrauchertaeuschung-vor-9574642.html.

Deter, Alfons (2018b): Video soll Tierschutzverstöße in Brandenburger Schlachthof zeigen. In: https://www.topagrar.com/rind/news/video-soll-tierschutzverstoesse-in-brandenburger-schlachthof-zeigen-10092635.html.

Diamond, Cora (2012): Menschen, Tiere und Begriffe. Aufsätze zur Moralphilosophie. Hg. von Christoph Ammann, übers. von Joachim Schulte. Berlin.

Diehl, Elke/Tuider, Jens (Hg.) (2019): Haben Tiere Rechte? Aspekte und Dimensionen der Mensch-Tier-Beziehung. Bonn.

Donovan, Josephine/Adams, Carol J. (2007): The Feminist Care Tradition in Animal Ethics. New York.

Dring, Rachel (2015): Human manure: Closing the nutrient loop. In: https://sustainablefoodtrust.org/articles/human-manure-closing-the-nutrient-loop/.

Duve, Karen (2011): Anständig essen. Ein Selbstversuch. Köln.

Engel, Mylan Jr. (2000): The Immorality of Eating Meat. In: Louis Pojman (Hg.): The Moral Life. An Introductory Reader in Ethics and Literature. New York, 856–890.

Erdmann, Nicole (2017): Warum man wirklich, wirklich kein Schwein mehr essen kann. In: https://www.welt.de/icon/partnerschaft/article169719769/Warum-man-wirklich-wirklich-kein-Schwein-mehr-essen-kann.html.

Fiedler, H.-H./König, K. (2006): Tierschutzrechtliche Bewertung der Schnabelkürzung bei Puteneintagsküken durch Einsatz eines Infrarotstrahls. In: Archiv für Geflügelkunde 70 (6), 241–249.

Fischer, Bob (2016a): Bugging the Strict Vegan. In: Journal of Agricultural and Environmental Ethics (29), 255–263.

Fischer, Bob (2016 b): What if Klein & Barron are right about insect sentience? In: Animal Sentience 9(8), https://animalstudiesrepository. org/animsent/vol1/iss9/8/.

Fischer, Bob/Lamey, Andy (2018): Field Deaths in Plant Agriculture. In: Journal of Agricultural and Environmental Ethics 31, 409–428.

Francione, Gary L. (2009): Animals as Persons. Essays on the Abolition of Animal Exploitation. New York.

Franks et al. (2018): Fish are smart and feel pain: What about joy? In: Animal Sentience 21/16, https://animalstudiesrepository.org/ animsent/vol3/iss21/16/.

von Gall, Philipp (2016): Tierschutz als Agrarpolitik. Wie das deutsche Tierschutzgesetz der industriellen Tierhaltung den Weg bereitete. Bielefeld.

Garner, Robert (2013): A Theory of Justice for Animals. New York.

Garnett, Tara et al. (2017): Grazed and Confused? Ruminating on cattle, grazing systems, methane, nitrous oxide, the soil carbon sequestration question – and what it all means for greenhouse gas emissions. FCRN, University of Oxford.

Gordon, Lyndall (2005): Vindication: A Life of Mary Wollstonecraft. London/New York.

Große Beilage, Elisabeth (2017): Untersuchungen an verendeten/ getöteten Schweinen in Verarbeitungsbetrieben für tierische Nebenprodukte. Hannover.

Greenpeace (2019): Ghost Gear: The Abandoned Fishing Nets Haunting Our Oceans.

Grimm, Herwig/Wild, Markus (2016): Tierethik zur Einführung. Hamburg.

Gruen, Lori (2011): Ethics and Animals. An Introduction. Cambridge.

Gruen, Lori (2014): Sich Tieren zuwenden: Empathischer Umgang mit der mehr als menschlichen Welt. In: Schmitz 2014a, 390–404.

Gruen, Lori/Jones, Robert C. (2015): Veganism as an Aspiration. In: Ben Bramble/Bob Fischer (Hg.): The Moral Complexities of Eating Meat. New York, 153–171.

Gutjahr, Julia (2013): The reintegration of animals and slaughter into discourses of meat eating. In: Helena Röcklingsberg/Per Sandin (Hg.): The Ethics of Consumption. The Citizen, the Market, the Law. Wageningen, 379–385.

Hecking, Claus/Klawitter, Nils (2020): Eine verseuchte Branche. In: https://www.spiegel.de/wirtschaft/unternehmen/corona-krise-deutschlands-schlachthoefe-sind-zu-hotspots-geworden-a-00212d07-5546-4edd-9040-22ec848409c9.

Hills, Alison (2005): Do Animals Have Rights? Cambridge.

Hirt, A. et al. (2016): Tierschutzgesetz. Kommentar. 3. Auflage. München.

Hoy, Steffen (2009): Verhalten der Schweine. In: Ders. (Hg.): Nutztier-ethologie. Stuttgart, 105–139.

Idel, Anita (2010): Die Kuh ist kein Klima-Killer. Marburg.

Jerzich, Kat (2019): The Ethics of Eating Bugs. In: https://medium.com/tenderlymag/the-ethics-of-eating-bugs-1def265acd18.

Jeske, Diane (2019): Special Obligations. In: Edward N. Zalta (Hg.): The Stanford Encyclopedia of Philosophy, https://plato.stanford.edu/archives/fall2019/entries/special-obligations/.

Joy, Melanie (2013): Warum wir Hunde lieben, Schweine essen und Kühe anziehen. Münster.

Kant, Immanuel (1977): Metaphysik der Sitten. Metaphysische Anfangs-gründe der Tugendlehre. Werkausgabe, Bd. VIII. Hg. von Wilhelm Weischedel. Frankfurt a. M.

Kant, Immanuel (2007): Grundlegung zur Metaphysik der Sitten. Frankfurt a. M.

Kheel, Marti (2007): The Liberation of Nature. A Circular Affair. In: Donovan/Adams, 39–57.

Knierim, U./Gocke, A. (2003): Effect of catching broilers by hand or machine on rates of injuries and dead-on-arrivals. In: Animal Welfare 12/1, 63–73.

Ko, Aph/Ko, Syl (2017): Aphro-ism. Essays on Pop Culture, Feminism, and Black Veganism from Two Sisters. New York.

Ladwig, Bernd (2020): Politische Philosophie der Tierrechte. Berlin.

Lambooji, E. et al. (2012): Effects of on-board storage and electrical stunning of wild cod and haddock on brain and heart activity. In: Fisheries Research 127–128, 1–8.

Lamey, Andrew (2012): Primitive Self-Consciousness and Avian Cognition. In: The Monist 95/3, 485–510.

Luke, Brian (2014): Selbstzähmung oder Verwilderung? Für eine nicht-patriarchalische Metaethik der Tierbefreiung. In: Schmitz, 407–444.

Lünenschloß, Vanessa/Zimmermann, Jan (2019): Europas dreckige Ernte. In: http://web.br.de/interaktiv/dreckige-ernte/.

MacAskill, William (2015): Gutes besser tun. Berlin.

Maisack, Christoph (2012): Tierschutzrecht. Haltung von Nutztieren, dargestellt an den Beispielen Schweine, Hühner und Enten. In: Herwig Grimm/Carola Otterstedt (Hg.): Das Tier an sich. Göttingen, 198–235.

Martin, Adrienne M. (2015): Factory Farming and Consumer Complicity. In: Chignell/Cuneo/Halteman, 203–214.

Matheny, Gaverick (2003): Least Harm. A Defense of Vegetarianism from Steven Davis's Omnivorous Proposal. In: Journal of Agricultural and Environmental Ethics 16/5, 505–511.

Maurin, Jost (2018): Skandalschlachthof verliert Bio-Siegel. In: https://taz.de/Vorwurf-der-Tierquaelerei/!5550887/.

McMahan, Jeff (1998): Preferences, Death and the Ethics of Killing. In: C. Fehige/U. Wessels (Hg.): Preferences. Berlin, 471–502.

McPherson, Tristram (2015): Why I am a vegan (and you should be one too). In: Chignell/Cuneo/Halteman, 73–91.

Mendl, M. et al. (2010): Pig cognition. In: Current Biology 20, R796–R798.

Mettke, Daniel/Schmitz, Friederike (2015): Landwirtschaft. In: Arianna Ferrari/Klaus Petrus: Lexikon der Mensch-Tier-Beziehungen. Bielefeld, 212–215.

Michalsen, Andreas et al. (2019): Brauchen wir Fleisch? Essgewohnheiten auf dem Prüfstand. In: Diehl/Tuider, 232–248.

Midgley, Mary (1998): Animals and Why They Matter. Athens.

Mill, John Stuart (1987): Whewell on Moral Philosophy. In: Alan Ryan (Hg.): Utilitarianism and Other Essays: J. S. Mill and Jeremy Bentham. Harmondsworth, 228–270.

Mill, John Stuart (2006): Utilitarismus. Übers. und hg. von Manfred Kühn. Hamburg.

Mood, Alison (2010): Worse things happen at sea. The welfare of wild-caught fish. In: http://www.fishcount.org.uk.

Mottet, Anne et al. (2017): Livestock: On our plates or eating at our table? A new analysis of the feed/fodder debate. In: Global Food Security 14, 1–8.

Mütherich, Birgit (2014): Die soziale Konstruktion des Anderen: Zur soziologischen Frage nach dem Tier. In: Schmitz, 445–477.

Pfeiler, Tamara (2019): Psychologische Aspekte des Mensch-Tier-Verhältnisses. Am Beispiel des Fleischkonsums. In: Diehl/Tuider, 82–92.

Poore, J./Nemecek, T. (2018): Reducing food's environmental impacts through producers and consumers. In: Science 360/6392, 987–992.

Rachels, James (2016): The Basic Argument for Vegetarianism. In: Susan J. Armstrong/Richard G. Botzler (Hg.): The Animal Ethics Reader. New York, 274–280.

Reichen, Philippe (2018): Füchse und Rehe als Volkstherapie. In: https://www.tagesanzeiger.ch/zuerich/region/fuechse-und-rehe-als-volkstherapie/story/16130176.

Reidt, Lutz (2018): Artgerecht gehalten und trotzdem krank. In: https://www.deutschlandfunkkultur.de/der-mythos-vom-gesunden-biotier-artgerecht-gehalten-und.976.de.html?dram:article_id=408386.

Reiter, Klaus (2009): Verhalten von Puten. In: Steffen Hoy (Hg.): Nutztierethologie. Stuttgart, 224–231.

Richter, Margrit et al. (2016): Vegane Ernährung. Position der Deutschen Gesellschaft für Ernährung e. V. (DGE). In: Ernährungs Umschau 63(04), 92–102. Erratum in: 63(05), M262.

Rosenberger, Michael (2019): Jedem Wildtier dienen. Überlegungen zu einer aus tierethischer Sicht vertretbaren Jagd. In: Diehl/Tuider, 271–278.

Schmitz, Friederike (2014 a): Tierethik. Grundlagentexte. Berlin.

Schmitz, Friederike (2014 b): Tierethik – eine Einführung. In: Schmitz 2014 a, 13–73.

Schmitz, Friederike (2018): Staat beschönigt Tierhaltung für Schulen. In: https://friederikeschmitz.de/staat-beschoenigt-tierhaltung/.

Schmitz, Friederike (2019): Zivilgesellschaftliches Engagement für Tiere. Unterschiedliche Ansätze. In: Diehl/Tuider, 93–105.

Sebo, Jeff (2018): The Moral Problem of Other Minds. In: The Harvard Review of Philosophy 25, 51–70.

Sezgin, Hilal (2014): Artgerecht ist nur die Freiheit. München.

Simmons, Aaron (2009): Animals, Predators, the Right to Life, and the Duty to Save Lives. In: Ethics & the Environment 14/1, 15–27.

Singer, Peter (³2013): Praktische Ethik. Ditzingen.

Springmann et al. (2016): Analysis and valuation of the health and climate change cobenefits of dietary change. In: Proceedings of the National Academy of Sciences 113/15, 4146–4151.

Timmermann, Jens (2005): When the Tail Wags the Dog: Animal Welfare and Indirect Duties in Kantian Ethics. In: Kantian Review 10, 128–149.

Tomasik, Brian (2016): Vegans Should Not Eat Insects: A Reply to Fischer. In: https://reducing-suffering.org/vegans-should-not-eat-insects-a-reply-to-fischer-2016/.

Tuider, Jens (2018): Jagd. In: Johann S. Ach/Dagmar Borchers (Hg.): Handbuch Tierethik. Stuttgart, 247–251.

Umweltbundesamt (2019): Wege in eine ressourcenschonende Treib-hausgasneutralität.

Višak, Tatjana (2016): Do Utilitarians Need to Accept the Replaceability Argument? In: Dies./Robert Garner (Hg.): The Ethics of Killing Animals. New York, 117–135.

Višak, Tatjana (2018): Töten und Tötungsverbot. In: Johann S. Ach/ Dagmar Borchers (Hg.): Handbuch Tierethik. Stuttgart, 213–218.

Wangemann, Ulrich/Iffert, Christin (2018): Sind viele Bio-Eier gar nicht bio? In: https://www.maz-online.de/Brandenburg/RBB-Viele-Bio-Eier-aus-Brandenburg-stammen-aus-Massenproduktion.

Westermaier, Christine (2015): Vergleichende Untersuchungenzur Tiergesundheitvon konventionell gehaltenen Ross308 und Cobb Sasso Masthühnern mit einem neuen Aufzuchtkonzept im Rahmen der konzeptionellen Ausarbeitung von Richtlinien für eine tier-gerechtere Masthühnerhaltung. Dissertation. In: https://edoc.ub.uni-muenchen.de/18998/1/Westermaier_Christine.pdf.

Wild, Markus (2012): Fische: Kognition, Bewusstsein und Schmerz. Eine philosophische Perspektive. Bern.

Winckler, Christoph (2009): Verhalten der Rinder. In: Steffen Hoy (Hg.): Nutztierethologie. Stuttgart, 78–104.

Winter, Thomas (2003): Jagd – Naturschutz oder Blutsport? Passau.

Wirths, Frigga (2011): Stummes Leiden. Das Töten von Fischen – ein unerhörtes Tierschutzproblem. In: Kritischer Agrarbericht 2011. Konstanz, 233–236.

Wolf, Ursula (1997): Haben wir moralische Verpflichtungen gegen Tiere? In: Angelika Krebs (Hg.): Naturethik. Frankfurt a. M., 47–75.

Young, Rosamund (2018): Das geheime Leben der Kühe. München.

Siglen

Hinweis: Alle Internetseiten wurden Mitte Mai 2020 zuletzt abgerufen.

AR https://www.ariwa.org/beschoenigung/

ASS https://albert-schweitzer-stiftung.de/aktuell/deutsche-essen-uber-12-milliarden-tiere-pro-jahr

ASSP https://files.albert-schweitzer-stiftung.de/1/Mastputen-Albert-Schweitzer-Stiftung-f%C3%BCr-unsere-Mitwelt-04.08.2016.pdf

BL Bioland-Richtlinien, https://www.bioland.de/fileadmin/dateien/HP_Dokumente/Richtlinien/Bioland_Richtlinien_25_Nov_2019.pdf

BMEL https://www.bmel.de/DE/Tier/Nutztierhaltung/Rinder/rinder_node.html

BÖL https://www.boelw.de/fileadmin/user_upload/Dokumente/Zahlen_und_Fakten/Brosch%C3%BCre_2019/BOELW_Zahlen_Daten_Fakten_2019_web.pdf

BÖLL Meeresatlas, Kapitel 12, https://www.boell.de/sites/default/files/web_170607_meeresatlas_vektor_v102_1.pdf?dimension1=ds_meeresatlas

BT Deutscher Bundestag, Drucksache 17/20021, http://dipbt.bundestag.de/doc/btd/17/100/1710021.pdf

EFSA Opinion of the Scientific Panel on Animal Health and Welfare on a request from the Commission related to welfare aspects of the main systems of stunning and killing the main commercial species of animals, The EFSA Journal 45 (2004), 1–29, https://efsa.onlinelibrary.wiley.com/doi/pdf/10.2903/j.efsa.2004.45

EH https://www.erdlingshof.de/unsere-ziele/

FAO   http://www.fao.org/news/story/en/item/197623/icode/

FAO2   The State of World Fisheries and Aquaculture 2018 – Meeting
       the sustainable development goals. Rome, http://www.fao.org/3/
       i9540en/i9540en.pdf.

IP   IPCC, 2019: Climate Change and Land: an IPCC special report
       on climate change, desertification, land degradation, sustain-
       able land management, food security, and greenhouse gas
       fluxes in terrestrial ecosystems.

ITW   https://initiative-tierwohl.de/

KTBL   Kuratorium für Technik und Bauwesen in der Landwirtschaft
       e. V.: Nationaler Bewertungsrahmen Tierhaltung für ver-
       schiedene Tierarten und Haltungsformen, aufzurufen unter:
       https://www.ktbl.de/webanwendungen/nbr/

LDT   https://land-der-tiere.de/selbstverstaendnis/

LL   Freistaat Thüringen, Leitlinie zur effizienten und umwelt-
       verträglichen Mutterkuhhaltung, http://www.tll.de/www/
       daten/publikationen/leitlinien/ll_mkh.pdf

LN   Niedersächsisches Ministerium für Ernährung, Landwirtschaft
       und Forsten: Empfehlungen für die saisonale und ganzjährige
       Weidehaltung von Rindern, https://www.laves.niedersachsen.
       de/download/82098/Download.pdf

LW   Bundesinformationszentrum Landwirtschaft: Haltungsformen
       für Milchkühe, https://www.landwirtschaft.de/landwirtschaft-
       verstehen/wie-arbeiten-tierhalter/haltungsformen-fuer-
       milchkuehe/

ML   https://www.ml.niedersachsen.de/startseite/themen/
       tiergesundheit_tierschutz/tierschutzplan_niedersachsen_
       2011_2018/rinder/rinder-110869.html

MR   Welttierschutzgesellschaft e. V., »Milchratgeber«,
       https://welttierschutz.org/milchratgeber/

NABU   Artenreiches Grünland ist in Gefahr, https://www.nabu.de/
       natur-und-landschaft/landnutzung/landwirtschaft/artenvielfalt/
       lebensraum/14311.html

NRW   https://www.land.nrw/de/pressemitteilung/minister-laumann-
       preiskampf-der-fleischwirtschaft-nicht-zu-lasten-von-
       arbeitnehmern

ÖH   https://www.oekolandbau.de/landwirtschaft/tier/
       spezielle-tierhaltung/gefluegel/mastgefluegel/oekologische-
       haehnchenmast/

ÖL   https://www.oekolandbau.de/service/zahlen-daten-fakten/
       ami-marktstudie-2016/tierhaltung/

ÖS https://www.oekolandbau.de/landwirtschaft/tier/spezielle-
tierhaltung/rinder/mutterkuhhaltung/schlachtung/

RW https://www.regenwald.org/themen/palmoel/kokosoel-keine-
alternative-zu-palmoel#start

S4C https://www.soil4climate.org/resources.html

SB http://www.schattenblick.de/infopool/natur/chemie/
chula283.html

STA https://www.destatis.de/DE/Presse/Pressemitteilungen/2020/02/
PD20_036_413.html

ST https://www.thuenen.de/media/ti-themenfelder/
Nutztierhaltung_und_Aquakultur/Haltungsverfahren_in_
Deutschland/Mastgefluegel/Steckbrief_Mastgefluegel_2018.pdf

TB Tierschutzbericht 2015, https://www.bmel.de/SharedDocs/
Downloads/DE/Broschueren/Tierschutzbericht2015.pdf?
__blob=publicationFile&v=3

VON https://veganorganic.net/; https://biozyklisch-vegan.org

VZ1 https://www.verbraucherzentrale.de/wissen/lebensmittel/
lebensmittelproduktion/eier-aus-kaefighaltung-versteckt-
in-lebensmitteln-45611

VZ2 https://www.verbraucherzentrale.de/wissen/lebensmittel/
lebensmittelproduktion/weidemilch-produkte-mit-
verbindlichem-tierschutz-erkennen-35574

VZ3 https://www.verbraucherzentrale-sachsen-anhalt.de/wissen/
lebensmittel/lebensmittelproduktion/rindfleisch-aus-
weidehaltung-weniger-gut-als-gedacht-36859

VZ4 https://www.verbraucherzentrale.de/aktuelle-meldungen/
lebensmittel/werbung-fuer-fleisch-vermittelt-oft-ein-falsches-
bild-33578

WBA1 Wissenschaftlicher Beirat Agrarpolitik beim BMEL (2015):
Wege zu einer gesellschaftlich akzeptierten Nutztierhaltung.
Gutachten. Berlin, https://www.bmel.de/SharedDocs/
Downloads/DE/_Ministerium/Beiraete/agrarpolitik/
GutachtenNutztierhaltung.pdf

WBA2 Wissenschaftlicher Beirat Agrarpolitik beim BMEL (2016):
Klimaschutz in der Land- und Forstwirtschaft sowie den
nachgelagerten Bereichen Ernährung und Holzverwendung.
Gutachten. Berlin, https://www.bmel.de/SharedDocs/
Downloads/DE/_Ministerium/Beiraete/agrarpolitik/
Klimaschutzgutachten_2016.pdf

ZP https://www.gefluegelhof-zapf.de/rund-ums-ei.html

Printed in the United States
By Bookmasters